Runen als Wegbegleiter

Runen als Wegbegleiter

Runen als Schlüssel zur Gegenwart, Vergangenheit und Zukunft

Magdalena Caland

IRIS

Die Originalausgabe erschien unter dem Titel;
Voorspellen met Runen
bei Uitgeverij Schors, 1997, Amsterdam, Niederlande

Übersetzung: Linda Gräfe
Lektorat: Gerhard Juckhoff
Umschlaggestaltung: Leonard Domhoff (Studio Paul C. Pollmann)
Layout: Seàn Mallon

ISBN 90 76274 517

Inhalt

Einführung

Laut Geschichtsschreiber stammen die Einwohner Nordeuropas ursprünglich von den Hochebenen des Iran. Darum übten das Klima und die Landschaft der Länder, in denen sie sich nach den Völkerwanderungen ansiedelten, vermutlich großen Einfluß auf die Entwicklung ihrer religiösen Auffassungen aus und veränderten ihre Lebensweise.

Die großartige, wilde Landschaft Nordeuropas, die Mitternachtssonne, das bezaubernde, jedoch kühle nordische Morgengrauen und der Ozean, dessen Wellen um die hohen Klippen und Eisberge des Polarkreises tobten, müssen die Menschen ebenso beeindruckt haben wie der in der kurzen Sommerzeit plötzlich einsetzende, rätselhafte Pflanzenwuchs, die nie untergehende Sonne, das blaue Meer und die Geysire. Es ist nicht verwunderlich, daß die Isländer die vollständigsten Erinnerungen an den Glauben der frühesten Bewohner ihrer Insel haben. Sie brauchen ihren Blick nur über die naßkalte Landschaft schweifen zu lassen, um sich ausmalen zu können, daß die früheren Bewohner glaubten, die Welt sei aus einer eigenartigen Mischung aus Feuer und Eis erschaffen.

Die nordische Mythologie ist großartig und tragisch. Das wichtigste Thema ist das ständige Ringen zwischen dem kurzen und erquickenden Sommer und dem viel länger andauernden Winter mit seinem eiskalten Klima, den Schneestürmen, dem Hagel und dem Eis. Daß die Götter ihrer Mythen Härte und eine gewisse Grausamkeit aufweisen, findet sicherlich niemand erstaunlich. Ihre Überlieferungen sind nicht annähernd so charmant und idyllisch wie die der Bewohner des sonnigen Südens, wo die reifen Früchte in den Bäumen hängen und wo sich die Menschen jederzeit an den Sonnenstrahlen wärmen können.

Es liegt auf der Hand, daß unsere Vorfahren Kälte und Eis für bösartige Geister hielten, gegen die man sich so gut wie möglich schützen mußte, da die Menschen während der Jagd oder beim Fischfang vielen Gefahren und dem unbarmherzigen Klima ausgesetzt waren, und unter den langen, bitterkalten, dunklen Wintern ohne Sonnenschein litten.

Auf die Frage, wie die Schöpfung der Welt aussähe, antworteten die norwegischen Skalden oder Dichter, deren Gesänge in der Edda und den Sagas aufgezeichnet sind, daß zu Anfang, als es weder die Erde, das Meer noch die Luft gab und allseits Finsternis herrschte, die Menschen eine vage Vorstellung davon bekamen, daß es mächtige, unsichtbare Wesen geben müßte, die das rauhe Klima regelten und deren Wille Gesetz war.

Ihre Götter stellten sie sich als ihnen überlegene Menschen vor, die ihre Bewunderung verdienten, da sie besser als sie selbst zu wissen schienen, wie sie mit den unbarmherzigen Naturkräften umgehen mußten, um ihr Überleben zu sichern.

Einer der prägnantesten Züge der norwegischen Mythologie war der Glaube des Volkes, daß die Götter einer sterblichen Rasse angehörten. Die Asen (Götter) waren ins Dasein getreten, und darum, so folgerte man, mußten sie ihre Tage auch beschließen. Da sie aus einer Mischung von sowohl göttlichen als auch dämonischen Elementen geboren waren - und daher unvollkommen waren -, trugen sie den Keim des Verfalls in sich, genauso wie die Menschen, und waren dazu verurteilt, eines natürlichen Todes zu sterben, wonach sie geistige Unsterblichkeit erreichten.

Wer sich in Mythen und Sagen vertieft, muß damit rechnen, in Verwirrung zu geraten. Was nämlich in dem einen Zeitalter galt, konnte den Erwartungen des wachsenden Bewußtseins eines Volkes in einer späteren Epoche nicht mehr entsprechen. Am deutlichsten tritt dies in den Beschreibungen der charakteristischen Merkmale der vielen Götter hervor, deren Eigenschaften sich im Laufe der Zeit oft tiefgreifend veränderten.

1.
Bräuche und Riten der nordischen Völker

Schon in der Steinzeit kam es vor, daß zwei verschiedene Kulturen einander begegneten - Begegnungen, die manchmal mit Gewalt einhergingen und manchmal auch Vermischung zur Folge hatten. Die eine war eine Bauernkultur, die an einen festen Ort gebunden war und ihre Toten beerdigte; sie gehörte nicht zum indoeuropäischen Stamm. Die andere Kultur stammte aus den hyperboreischen Gebieten, die das Polareis zu jener Zeit wahrscheinlich noch nicht vollständig bedeckte. Diese nomadische Kultur von Hirten und Jägern, deren Waffe das zweischneidige Beil war, huldigte einem Sonnenkult und war nicht seßhaft. Die Menschen waren expansiv, verbrannten ihre Toten und beriefen sich auf ihre göttliche Herkunft und Bestimmung. Sie erkannten die Macht der Runen.

Ganz zu Anfang glaubten sie, daß der Himmel auf vier Pfeilern ruhte, die von vier Zwergen getragen wurden: Austri (Osten), Westri (Westen), Nordr (Norden) und Sudri (Süden). Der etymologische Zusammenhang mit den uns bekannten Namen der Himmelsrichtungen spricht für sich.

Die Sonne (Sol) und der Mond (Mani) waren die ersten Kinder der Götter, ihr wechselseitiger Einfluß schuf den Zyklus der Erde. Die Nacht (Nott) und der Tag (Dagr) machten diesen Wechsel sichtbarer. Der Tag entsproß dem Mutterleib der Nacht. Wenn man diesem Gedankengang folgt, erscheint es ziemlich logisch, warum ihr Jahresanfang im *Früh*jahr lag.

Besonders feierlich und beeindruckend waren die Festlichkeiten während der Tagundnachtgleichen (Äquinoktien) im Frühling und Herbst. Unser Osterfest weist noch die Merkmale ihrer Symbolik auf: Das Weltei ist im Begriff zu zerbrechen und zu erzeugen, zugleich tritt die Göttin Ostara in Erscheinung (das deutsche Wort "Ostern" und das englische "Eastern" leiten sich von ihrem Namen her). Der Name der Göttin Ostara bedeutet: "die aus dem Osten kommt".

Der Beginn der Saatzeit und das Auslaufen der Fischerboote wurde mit Tänzen, Riten und Zeremonien in Wäldern und an anderen heiligen Orten gefeiert.

Im Herbst feierte man das Erntedankfest: In Prozessionen wurde ein von fleckenlosen Schimmelfohlen gezogener Sonnenwagen mitgeführt. Oben auf dem Sonnenwagen prangte eine goldene Scheibe, das Sonnensymbol, das der Sonne Dankbarkeit bekundete. Stämme wie die Normannen und Wikinger, die die Gebiete in Meeresnähe bewohnten, nahmen von der Sonne, die während der dunklen Wintermonate nahezu unsichtbar blieb, Abschied, indem sie die Sonnenscheibe auf einem Schiff mitführten.

Außer Festen am Tage feierten die nordischen Völker auch zwei nächtliche Feste, die während der Sonnenwenden (Solstitien) begangen wurden. Während der ersten Sonnenwende, am 21. Juni, versammelten sich ganze Gemeinden an einem hochgelegenen Ort, wo man den Sonnenuntergang darstellte, indem man Räder, in die brennende Zweige geflochten waren, einen Abhang hinunterrollen ließ. Etwa um Mitternacht zündete man an langen Stöcken befestigte Laubkränze an, die den Lebensbaum symbolisierten. Vor Sonnenaufgang begrüßten zwei Männer die "Geburt der Sonne" mit Luren - lange, gekrümmte Blasinstrumente aus Bronze -, an deren Spitzen sich goldene Scheiben befanden.

Die Wintersonnenwende im Dezember fiel in die Mitte der zwölf dem Göttervater geweihten Nächte. Zu diesem Anlaß baute man an verschiedenen Orten Pyramidenstümpfe, auf denen ein Sonnenrad befestigt wurde. Im Inneren der Pyramide brannte ein großes Feuer als Symbol des Lebens, das sich selbst in Gang hält, auch wenn es in Finsternis gehüllt ist. Um Mitternacht wurde dieses Feuer gelöscht, und oben auf der Pyramide wurde ein neues Feuer angezündet: Das neue Jahr war geboren, das Leben manifestierte sich hell und mächtig - jetzt für jedermann sichtbar. Währenddessen schmückten die Frauen einen immergrünen Baum mit Sternen aus geflochtenen Binsen.

Diese Bräuche wurden, wenn auch in etwas veränderter Form, bis ins Mittelalter gepflegt, an einigen Orten wurden sie, zumindest bruchstückhaft, sogar noch viel länger am Leben erhalten. Es waren die Skalden und Barden, Dichter und Spielmänner, die von Hof zu Hof reisten und bei den Fürsten und Schloßherren Nordeuropas zu Gast waren, die die alten Mythen und Sagen und die Prophezeiungen der Nornen besangen. Sie sangen von der "letzten Weltschlacht", der Götterdämmerung, von der Weisheit des Allvaters, von den Runen, sowie von den Mythen und Sagen über Götter und Eisriesen. Wir haben es vor allem den Skalden und Barden zu verdanken, daß viele dieser Geschichten im skandinavischen Heldenepos Edda aufgezeichnet wurden und der Nachwelt größtenteils erhalten geblieben sind.

2.
Der Ursprung der Runen

Was sind Runen eigentlich? "Symbole, die in Steine geritzt sind", sagen die meisten Menschen, während sie sie in Gedanken mit der alten nordischen Kultur, mit Normannen und Wikingern und auch vage mit mysteriösen magischen Riten assoziieren. Wer sich näher mit Runen beschäftigen will, sollte versuchen, sich in die Gedankenwelt ihrer Schöpfer zu versetzen.

Man hat Runen, auch aus der frühesten Periode, auf Gegenständen aus Lehm, Metall, Holz (Holzfunde sind natürlich sehr selten) und Knochen gefunden. Erst später, im Laufe der Geschichte, wurden sie in Stein geritzt. Sie wurden in fast ganz Europa und weit darüber hinaus gefunden, von den Säulen des Herakles (Gibraltar) bis an die Ufer des Indus sind sie die Zeugen längst vergangener Zeiten.

Man hat viele Versuche unternommen, die Runen als Schriftzeichen zu lesen und zu interpretieren, es ist jedoch nicht so einfach, die verborgene Bedeutung zu entschlüsseln, da sie nicht in die Denkwelt, die in der heutigen Zeit herrscht, übersetzt werden kann. Zu Beginn stellte eine Rune eine ganze Begriffswelt dar und enthielt sehr viel Information. Die magische Bedeutung muß den Priestern bekannt gewesen sein, bei Initiationsriten gab der Vater sie vermutlich dem Sohn weiter. Darum war es wahrscheinlich nicht allzu schwierig, diese fragile Überlieferungskette zu durchbrechen; man brauchte nur diejenigen auszuschalten, die dazu auserwählt waren, ein solches Erbe zu empfangen. Die Geschichte belegt den Erlaß von Lippe, den Karl der Große 783 in Kraft treten ließ:

> *Der alte heidnische Gottesdienst wird abgeschafft und verboten. Wer in dem Verdacht steht, Totenverbrennung dem Begräbnis vorzuziehen, an heidnischen Riten oder Festen teilzunehmen, Geistliche der christlichen Kirche zu beleidigen oder zu belästigen, zahlt hierfür mit seinem Kopf...*

Diesem Erlaß folgte die Enthauptung von 4.500 Erstgeborenen der edelsten sächsischen Familien, eine Massenhinrichtung, die bei den Externsteinen im Eggegebirge im südöstlichen Teil des Teutoburger Waldes stattfand. Wie geschichtliche Urkunden aus jener Zeit bezeugen, nahm das Abschlachten übrigens nur einen Tag in Anspruch.

Die ersten symbolischen Zeichen zur Wiedergabe von Gedanken wurden Runen genannt, nach dem gotischen Wort *Runa*, das Geheimnis bedeutet. Jedes dieser Symbole war ein Speicher intuitiven Wissens, und denjenigen, die im Interpretieren des Inhalts bewandert waren, wurde große Macht zuerkannt.

Die Runen dienten nicht nur der üblichen Deutung des Schicksals, sie hatten von Anfang an sowohl eine prophetische als auch eine rituelle Funktion, mit der Götter oder andere höhere Mächte angerufen werden konnten, um das Leben in bessere Bahnen lenken zu können. Im Jahre 98 schrieb der römische Historiker Tacitus in seinem Buch *Germania* zu den Bräuchen der nordischen Stämme, daß sie im Prophezeien mit ihrem Schicksalsorakel besser waren als alle anderen Völker.

> *Ihre Methode war sehr einfach; sie schnitten einen oder mehrere saftige grüne Zweige, vorzugsweise von einem fruchttragenden Baum, und verteilten sie in 24 annähernd gleiche Stücke, auf denen sie verschiedene Zeichen anbrachten. Sie warfen sie aus dem Handgelenk auf ein speziell für diesen Zweck bestimmtes Tuch. Nachdem der Priester des Stammes oder, falls das Ritual im Familienkreis stattfand, das Familienoberhaupt die Götter angerufen hatte, wurden drei dieser Stäbchen intuitiv und mit geschlossenen Augen gezogen und der Reihe nach, gemäß den eingekerbten Symbolen, interpretiert.*

Zur Zeit des Tacitus waren die Runen bereits von umherziehenden Stämmen, Händlern, Normannen, marschierenden Heeren, Wikingern, Gefangenen und Sklaven über weite Teile des europäischen Kontinents verbreitet; da Kommunikation unerläßlich wurde, war eine Art gemeinsames Alphabet nicht nur wünschenswert, es wurde sogar notwendig. Man begann darum, die Runen zu verwenden, ein Alphabet, das nach dem phonetischen Lautwert der *ersten sechs* Zeichen *Futhark* genannt wurde:

f	u	th	a	r	k
ᚠ	ᚢ	ᚦ	ᚨ	ᚱ	ᚲ

Im Laufe der Zeit hatten sich drei Runensysteme entwickelt, die alle tiefe historische Wurzeln besaßen:

1. das ältere Futhark (24 Runen)
2. das angelsächsische Futhorc (29-33 Runen)
3. das jüngere Futhark (16 Runen)

In diesem Buch wird das ältere Futhark verwendet, das aus 24 Runen besteht. Diese 24 Runen werden in drei miteinander verwandte Gruppen von acht Zeichen untergliedert. Die drei Gruppen, die als *Aett* = *Acht* bezeichnet werden, tragen den Namen der *ersten* Rune jeder Gruppe:

Die Fehu-Gruppe:

ᚠ ᚢ ᚦ ᚨ ᚱ ᚲ ᚷ ᚹ

Die Hagalaz-Gruppe:

ᚺ ᚾ ᛁ ᛃ ᛇ ᛈ ᛉ ᛊ

Die Tiwaz-Gruppe:

ᛏ ᛒ ᛖ ᛗ ᛚ ᛜ ᛞ ᛟ

Die Fehu-Gruppe

älteste Runenform	ältester Runenname	traditionelle Bedeutung	sekundäre Bedeutung
ᚠ	Fehu	Vieh	Eigentum, Wohlstand
ᚢ	Uruz	Auerochse	Kraft, Freiheit
ᚦ	Thurisaz	Riese	Dorn, Ärgernis
ᚨ	Ansuz	Mund	Weisheit, ein Gott
ᚱ	Raido	Rad	reiten, reisen
ᚲ	Kenaz	Fackel	Licht, Feuer, Wärme
ᚷ	Gebo	Gabe	Opfergabe, geben und empfangen
ᚹ	Wunjo	Ruhm, Ehre	Erfüllung, Freude

Abgesehen von der individuellen Bedeutung der Runen, die diese Gruppe bilden, geben sie als Gruppe einige Anweisungen zum Schaffen stabiler Lebensverhältnisse. Diese erste Gruppe, die mit *Fehu* (Vieh, Wohlstand) beginnt und mit *Wunjo* (Freude) endet, hat zum Thema: eine Basis für ein *stabiles und wohlhabendes* Sein finden.

Der Besitz von Viehherden und der daraus resultierende Wohlstand waren die wichtigsten Bedingungen zur Verwirklichung eines "guten Lebens". Körperliche Kraft und der instinktive Drang, seine Besitztümer gegen Eindringlinge zu verteidigen, wurden als Tugenden hervorgehoben, da sie in Notzeiten den Besitz nicht nur schützen, sondern auch wahren konnten. Feindliche Einflüsse der Umge-

bung voraussehen sowie Maßnahmen gegen die Streitigkeiten treffen, die hieraus entstehen konnten, wurde ebenfalls als Schutz der Stabilität beurteilt. Diskussionen und Gedankenaustausch waren ein Luxus, den man sich im behüteten Kreise leisten konnte; um die Tatkraft jedoch zu wahren, durften sie keinesfalls in endlose Gespräche ausarten, aus denen sich keine Pläne oder Taten ergaben.
Das Stichwort *Schaffenskraft* beschreibt diese Gruppe vortrefflich.

Die Hagalaz-Gruppe

älteste Runenform	*ältester Runenname*	*traditionelle Bedeutung*	*sekundäre Bedeutung*
ᚺ	Hagalaz	Hagel	Hagel- und Schneestürme, bittere Kälte
ᚾ	Naudiz	Not	Ausdauer unter harten Bedingungen, Isolation
ᛁ	Isa	Eis(zapfen)	unkontrollierbare Einflüsse von außen, Passivität
ᛃ	Jera	Jahr, Ernte	zyklische Veränderungen, Jahres-zeiten, Licht, Dunkel
ᛇ	Eihwaz	Taxus	Lebensbaum, Wirbelsäule, Bogen
ᛈ	Perth	Besinnung	verborgenen Tendenzen Aufmerksamkeit schenken
ᛉ	Algiz	Schutz	Täuschung, Verteidigung gegen drohende Gefahr, Hoffnung
ᛊ	Sowild	Sonne (Sonnenrad)	größere Vitalität, Herzchakra, Kern

Das Thema dieser zweiten *Aett*, die mit der Rune *Hagalaz* (Hagel) beginnt und mit *Sowild* (Sonne) endet, behandelt den Begriff Zeit, die Abhängigkeit von unberechenbaren Witterungsverhältnissen, Jahreszeiten, Hagel- und Schneestürmen, Frost, Hitze, Dürre und anderen unabwendbaren, antagonistischen Erscheinungen. Der Schwerpunkt dieser acht Runen lag auf der Hoffnung, daß die jährlichen klimatischen Umstände einen günstigen Einfluß auf die Ernte ausübten und den Schutz der Schiffe garantierten.

Hagalaz (Hagel) wurde, nebst dem Samen des Eisriesen Ymir, die hellste aller Getreidearten genannt: Er wirbelte aus dem Himmel, von heulenden Stürmen aufgepeitscht, um auf brachliegenden Äckern nach einiger Zeit zu fruchtbarem Wasser zu schmelzen.

Diese acht Runen konfrontierten den dynamischen Menschen aus der ersten Gruppe mit der für ihn unkontrollierbaren Unbeständigkeit, die sich aus den Umständen ergeben konnte. Es entwickelte sich ein immer größeres Bedürfnis an Bewußtwerdung.

Hoffnung auf einen guten Verlauf des Jahres beschreibt das Thema dieser Aett hervorragend.

Die dritte und letzte Gruppe, die mit *Tiwaz* (Stern) beginnt und mit *Othial* (Ländereien) endet, spiegelt dank ihres größtenteils rätselhaften und magischen Inhalts das Bedürfnis wider, differenziertere Maßstäbe zum Aufbau einer Gesellschaft zu entwickeln, die immer komplizierter wurde.

In dieser Gruppe werden die Veränderungen und Entwicklungen, die die menschliche Evolution mit sich bringt, unter die Lupe genommen und, wo nötig, transformiert. Diese Transformation verschafft nicht nur eine Übersicht über die positiven Entwicklungen der menschlichen Rasse, sondern auch über die negativen, die schließlich zum Ragnarök (Absterben, Untergang und Neuanfang) führen würden.

Während die acht Runen der *Fehu-Gruppe* die Götter und alle anderen Wesen offenbaren und die acht Runen der *Hagalaz-Gruppe* die für die Evolution notwendigen antagonistischen Kräfte beschreiben, verschaffen die acht Runen der *Tiwaz-Gruppe* einen hoffnungsvollen Überblick über das spirituelle Wachstum des Menschen.

Für die Tiwaz-Gruppe ist außer dem Stichwort geistiges *Wachstum* auch der Begriff *Transformation* sehr brauchbar.

Die Tiwaz-Gruppe

älteste Runenform	*ältester Runenname*	*traditionelle Bedeutung*	*sekundäre Bedeutung*
ᛏ	Tiwaz	Stern, der Gott Tyr	kämpferisch, mutig, der Polarstern, Maßnahmen
ᛒ	Berkana	Birkengöttin Berchta	Birke, Fruchtbarkeit, Geborgenheit
ᛖ	Ehwaz	Odins Pferd Sleipnir	Hengst, Bewegung, Rücksprache, Partner
ᛗ	Mannaz	der Mensch	Verstand, Vernunft, Toleranz
ᛚ	Laguz	Lache, Lagune, Meer,Sumpf	Wasser, See, Gefühl, Stimmungen
ᛜ	Inguz	der Fruchtbarkeitsgott Ing (später der Gott Freyr)	Vollendung, Durchbruch, Ausdehnung
ᛞ	Dagaz	Tag	Morgenröte, Dämmerung, Hoffnung, Neuanfang
ᛟ	Othial	geerbtes Land	Ländereien, Heimatland, Traditionen

3.
Die Bedeutung der 24 Runen und ihrer Mythen

Im folgenden Hauptteil des Buches wird die Bedeutung der 24 Runen ausführlich beschrieben, zugleich werden, soweit wie möglich, die mythologischen Entsprechungen genannt. In diesem Buch gehen wir von der Reihenfolge, dem Namen und der Form der Runen aus, wie sie im älteren *Futhark* verwendet wurden.

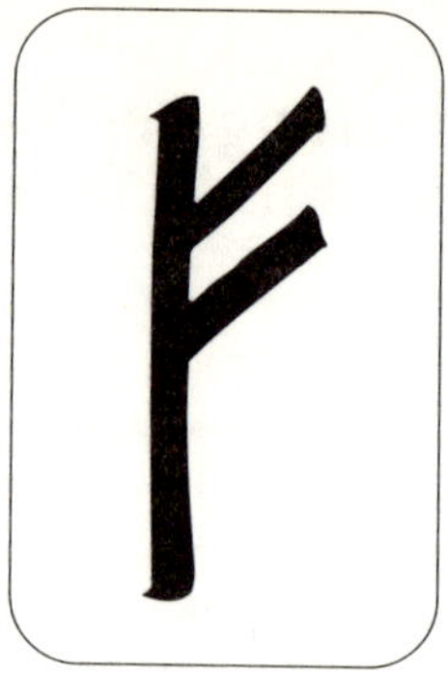

1. FEHU - Vieh, Wohlstand

Lautwert: f

Die traditionelle Bedeutung der Fehu-Rune bezieht sich auf den Besitz eines vorzugsweise großen Viehbestandes. In den unkomplizierteren Gesellschaften Nordeuropas bedeutete in der Zeit, als sich die Runen entwickelten, der Besitz von Vieh Reichtum, der mit Macht einherging. Die Macht der Stammesältesten wurde an der Größe ihrer Herden gemessen. Im rauhen nordischen Klima bestritt Viehbesitz nicht nur den Lebensunterhalt, Vieh war auch ein Tauschobjekt, mit dem gewinnbringender Handel getrieben werden konnte. Unter der gerechten Führung der Stammesoberhäupter, die für eine einigermaßen gleichmäßige Verteilung des Wohlstands verantwortlich waren, konnte sich die Dorfbevölkerung geborgen fühlen; bei den weniger Glücklichen wird viel Wohlstand manchmal zweifelsohne Neid und Mißgunst erregt haben.

Das norwegische Heldenepos *Edda* sagt hierzu:

> *... Reichtum entfacht Streit*
> *zwischen Stammesbrüdern.*
> *Der Wolf hält sich versteckt*
> *im Wald...*

Die Fehu-Rune steht in enger Beziehung zu den Situationen, in denen der Schutz von Thor/Donar angerufen wurde.

Prophetische Bedeutung:

Der Nachdruck der Fehu-Rune liegt auf dem Besitz von beweglicher Habe. Wenn diese Rune beim Wahrsagen richtig herum liegt und im Zusammenhang mit den umliegenden Faktoren positiv gedeutet werden kann, bedeutet dies, daß Geld oder Güter in Aussicht stehen. Das kann eine Gehaltserhöhung oder Gewinn beim Glücksspiel sein, oder ein Geschenk von jemandem, der dem Fragesteller nahesteht. Wenn die Rune jedoch auf dem Kopf liegt, sollte es einem eine Warnung sein, seinen Besitz nicht an Launen oder aussichtslose Dinge zu verschwenden, die eine sichere Zukunft aufs Spiel setzen könnten.

Rune liegt richtig herum:

Wohlstand, Besitz, Eigentumsrecht, wertvolle Gegenstände, tatkräftig und unternehmend, impulsiv.

Rune liegt auf dem Kopf:

Passiv, langweilig, abhängig, untertänig, sklavisch, Armut, Schulden.

Parallelen:

Tarot:	Große Arkana VIII - Die Kraft
Astrologie:	Sonne im Widder/Mond im 2. Haus
I Ging:	1. Hexagramm, *Kien* - Das Schöpferische

THOR/DONAR

In weiten Teilen Skandinaviens und Islands war Thor/Donar viel wichtiger als der Hauptgott Odin/Wotan. Möglicherweise schätzten die unabhängigen, starken Nordländer Thors extreme Kampflust, die sich vor allem gegen die Riesen kehrte, und nahmen mit seinen Schwächen vorlieb.

Vielleicht hatte der frühe Thor noblere Eigenschaften als der spätere, dessen donnernde Stimme, die im weiten Umkreis zu hören war, ihm den Spitznamen "der brüllende Stürmer" (Hlorridi) einbrachte. Die norwegische/isländische Literatur schildert seine unbesiegbare Kraft, sein einfältiges, oft clowneskes Benehmen, sein langsames Denkvermögen und seine entwaffnende Ehrlichkeit, die ihm viel Zuneigung einbrachte.

Der früheste Thor war jedoch - im Gegensatz zu dem gerade Gesagten - ein ebenso furchterregender Sturm- und Donnergott wie Odin. Wenn es donnerte, glaubten die Menschen, daß sie die dröhnenden Räder des Triumphwagens Thors hörten, der über die Wolken fuhr. Wenn zuckende Blitze einschlugen, war dies Thors feuriger Hammer Mjölnir (Zerschmetterer), der wie ein Bumerang in seine Hand zurückkehrte, wenn er ihn zornig weggeschleudert hatte.

Mit diesem Hammer segnete er auch Ehen und beglaubigte Verträge. Als der Scheiterhaufen für den gestürzten Baldr errichtet wurde, segnete Thor ihn mit seinem Hammer. In Midgard beaufsichtigte er alle Volksversammlungen und Rechtsgeschäfte, heilte Kranke und schickte Träume. Er war auch der Gott des Windes und Wetters und folglich auch der Gott des Ackerbaus und der Schiffahrt.

Namentlich im alten Norwegen genoß er mehr Verehrung als Odin/Wotan, der eher als Priester galt, Thor/Donar hingegen galt vielmehr als väterlicher König. Überall gab es Tempel die ihm geweiht waren. Er wurde bei allen Handlungen zu Rate gezogen und um Hilfe gebeten. Außerdem galt er als der Beschützer friedlicher Arbeit. Auch stand er den Bewohnern von Midgard bei der Verteidigung ihres Besitzes gegen Riesen und andere dämonische Mächte mit Rat und Tat zur Seite.

Anfänglich inspirierten wahrscheinlich Meteoriteneinschläge die Vorstellung von Thors steinernem Hammer Mjölnir, der zu seiner Ausrüstung gehörte; später glaubte man, daß die Zwerge Brok und Sindri diesen mächtigen Hammer für ihn angefertigt hatten. Diese Waffe war übrigens typisch für die fast unbesiegbare Kraft des Gottes. Ein Speer durchbohrt, ein Beil hackt, ein Hammer jedoch donnert nieder und zerschmettert.

Die Frau Thors hieß Sif (die Erfreuliche). Ihre Tochter Thrudr, benannt nach Thors Wohnsitz Thrudheim (Kraftfeld), war eine mythische Verkörperung des Gottes, ebenso wie seine beiden Söhne Magni (Kraft) und Modi (Heftigkeit). Angeblich zeugte Thor mit der Riesin Jarnsaxa (Eisenstein) den Magni. Ihr Gatte Hrungnir forderte Thor zum Zweikampf heraus, brachte ihn zu Fall und setzte ihm seinen magischen, bleischweren Fuß auf die Brust. Niemand besaß die Kraft, den Fuß des Riesen zu entfernen. Thors Sohn Magni jedoch, der zur Zeit des Vorfalls nicht älter als drei Tage war, fegte den Fuß mühelos mit einer lässigen Gebärde weg.

2. URUZ - Auerochse, Kraft

Lautwert: u

Die Kraft, die dieser Rune innewohnt, ist unbezähmbar, ungeschliffen und unglaublich vital. Sie symbolisiert einen Drang nach Zurschaustellung, der nicht zu bremsen ist. Uruz (Auerochse) war der Name eines wilden Ochsen, der in den Wäldern Nordeuropas lebte und erst im 17. Jahrhundert ausstarb. Er hatte eine Schulterhöhe von etwa 2 Metern, ein zottiges, langhaariges Fell und lange, furchterregende, gebogene Hörner, mit denen er alles, was ihm in die Quere kam, angriff. Er ließ sich nicht zähmen, auch wenn er sehr jung gefangen wurde. Er wurde viel gejagt, vor allem junge Männer versuchten ihn zu erlegen, um sich einen ehrenvollen Platz im Stamm zu verschaffen: Wer die meisten Hörner von erlegten Auerochsen besaß, war ein Held. Auf Festen wurden diese Hörner als Trinkbecher benutzt. Die Uruz-Rune kann die Hoffnung und den Mut schenken, den Stier kühn bei den Hörnern zu packen.
Das angelsächsische Runenepos sagt hierzu:

Der Auerochse, ein ungestümes, angriffslustiges Tier
mit langen, scharfen Hörnern
der in wüsten Ebenen umherzieht
mutig kämpft er, ohne Angst
es ist ein streitlustiges Tier.

Diese Rune des Entstehens steht in enger Beziehung zur Kuh Audumla, Sinnbild des Überflusses.

Prophetische Bedeutung:

Die Uruz-Rune spiegelt Kraft, Ausdauer, Virilität und robuste Gesundheit wider. Sie beinhaltet auch Herausforderungen. Die damalige Jugend des hohen Nordens mußte erst den wilden Auerochsen erlegen und ihren Heldenmut zeigen, bevor sie eine Position in der Gesellschaft erobern konnte.

Die Rune symbolisiert Willenskraft und Mut und eine Lebensphase, in der das Treffen von Entscheidungen angesagt ist. Wenn die Rune auf dem Kopf liegt, deutet dies auf Feigheit hin: jemand, der Schwierigkeiten und Herausforderungen ängstlich aus dem Wege geht.

Rune liegt richtig herum:

Robuste Gesundheit, körperliche Kraft, dynamisch, starker Wille, Friedensliebe, Mut, Selbstvertrauen.

Rune liegt auf dem Kopf:

Genußsucht, grob, schroff, gefühllos, sentimental, träge, verpaßte Chancen, schlechte Gesundheit, Enttäuschungen.

Parallelen:

Tarot:	Große Arkana II - Die Päpstin
Astrologie:	Sonne im Stier / Mond im 8. Haus
I Ging:	7. Hexagramm, *Schi* - Das Heer

DIE KUH AUDUMLA

Ganz zu Anfang, so erzählen die Mythen und Legenden, gab es einen Abgrund, das gähnende Nichts (Ginnungagap), in dem kein Wasser floß, kein Baum wuchs und keine Blume blühte. Hoch im Norden, am Rande der Welt, weit hinter diesem Abgrund, lag ein in Dunst und Nebel gehülltes Gebiet, das Niflheim hieß, und im Süden erstreckte sich ein funkensprühendes Land des Feuers, das man Muspellsheim nannte.

Zwölf eiskalte, fast zu Eis erstarrte Flüsse strömten aus Niflheim und mischten sich mit der gleichen Anzahl Ströme, deren Quelle im Feuerland Muspellsheim lag, diese waren jedoch mit einem bitteren Gift gefüllt und froren ziemlich schnell zu. Als sich das eiskalte Wasser aus dem Norden mit dieser fast unbeweglichen Masse mischte, füllte sich der Abgrund Ginnungagap mit Eiskristallen und Reif. Die heiße Luft, die aus dem Feuerland Muspellsheim heranwehte, schmolz das Eis, und aus der Mischung beider Ströme wurde der gigantische Ymir, der tobende Urriese geboren. Die poetischen Barden der Edda schrieben, daß er der chaotische Beginn des Lebens war.

Die Begegnung des lodernden Flammenmeers aus Muspellsheim mit dem eiskalten Nebel, dem Hagel und den Schneestürmen aus der Nebelwelt Niflheim brachte zu Beginn der Zeiten auch die Milchkuh des Überflusses, Audumla, hervor. Aus ihrem Euter flossen vier Milchströme, die die Nahrung des Urriesen Ymir waren, der ebenfalls ohne Befruchtung geboren war.

Jedes dieser Urwesen produzierte - ohne Befruchtung - Nachkommenschaft. Ymir fertigte sie aus seinem Schweiß an, Audumla leckte mit ihrer Zunge das Eis von den Felsen, wodurch diese beseelt wurden, und Buri (der Erzeuger) zum Leben erweckt wurde.

Buris Sohn Börr nahm die Riesentochter Bestla zur Frau. Aus dieser Verbindung gingen Odin, Vili und Vé hervor, die sich sofort gegen den tobenden Eisriesen Ymir wendeten und ihn besiegten. Sie warfen den riesigen Körper in den Abgrund Ginnungagap, der sich randvoll mit seinem Blut füllte. Eine Sintflut ergoß sich, in der jeder ertrank, nur zwei Riesen überlebten sie. Bestla und Börr konnten sich in Sicherheit bringen und ließen sich in Jötunheim im Osten nieder, wo sie die Stammväter eines neuen Riesengeschlechts wurden.

Nach einiger Zeit zogen Odin, Vili und Vé den Körper des besiegten Riesen aus den strudelnden Gewässern des Abgrundes und erschufen aus ihm die Welt der Menschen, die sie Midgard (mittlerer Wohnsitz) nannten. Aus Ymirs Knochen wurden Berge gemacht, sein Blut füllte die Meere, sein Fleisch wurde Land und seine Augenbrauen Bäume. Sein Schädel wurde als Himmelsgewölbe verwendet, in dem die drei Götter helle Funken aus dem Flammenmeer in Muspellsheim befestigten, die die Sterne und Planeten wurden. Sie schufen Triumphwagen für die Sonne und den Mond und lenkten sie in ihre Bahn. Auf diese Weise entstand Ordnung in der Welt.

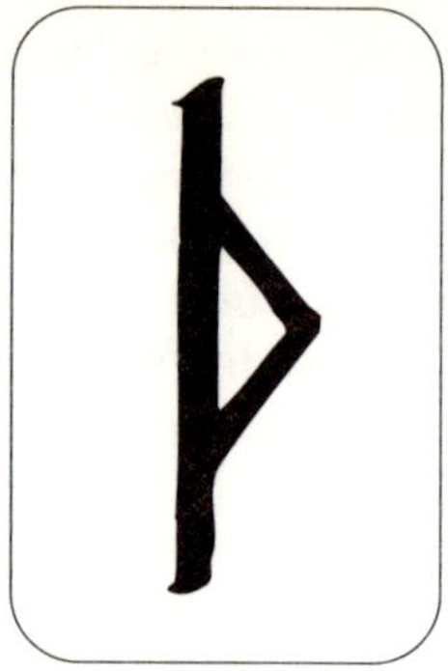

3. THURISAZ - Riese, Chaos, Dorn

Lautwert: th/d

Die Thurisaz-Rune drückt eine Kraft aus, die das Chaos provoziert, das sich gegen die geordnete Gesellschaft wendet. Diese Rune setzt alle negativen Eigenschaften der Eisriesen frei. Um ihre angeborene Grausamkeit zu veranschaulichen, nannte man die Riesen in Skandinavien Frauenquäler.

Diese Rune repräsentiert eine auflösende Kraft, die rechtzeitig erkannt und im Zaum gehalten werden muß, da sie sich - fast augenblicklich - gegen ihren Verursacher wendet.

Das angelsächsische Runenepos sagt hierzu:

Der Dorn ist spitz und schmerzhaft,
übel wenn man in ihn ergreift,
jedoch unerträglich scharf für den Krieger
der auf ihm ruhen muß.

Diese Rune wurde Loki zugeschrieben, da er mit seinen hinterlistigen Taten stets Unruhe und Unannehmlichkeiten verursachte.

Prophetische Bedeutung:

Die Thurisaz-Rune drückt die kleinen Ärgernisse aus, die man täglich verarbeiten muß. An sich sind sie, wie Dornen, nur irritierend, aber manchmal können sie, aus Mangel an Objektivität oder Einsicht, gigantische Ausmaße annehmen, die zu der Ursache in keinem Verhältnis mehr stehen. Es ist weise, Probleme mit Freunden durchzusprechen und abzuwarten, bis Ihre Zeit gekommen ist. Fassen Sie keine übereilten Beschlüsse; Vorsicht ist die Mutter der Porzellankiste.

Rune liegt richtig herum:

Kraft die Chaos verursacht; Täuschungsmanöver; Störung, Hindernis, Hemmung.

Rune liegt auf dem Kopf:

Betrug, Bösartigkeit, Korruption, Verführung (vor allem von Frauen).

Parallelen:

Tarot:	Große Arkana IV - Der Herrscher
Astrologie:	Sonne im Steinbock/Mond im 4. Haus
I Ging:	7. Hexagramm, *Schi* - Das Heer

LOKI

Loki war ursprünglich ein Dämon und darum - wie Odin/Wotan - ein chthonisches (unterirdisches) Wesen. Manche Quellen behaupten sogar, daß Loki und Odin Brüder waren; andere meinen jedoch, daß diese zwei Götter eine Blutsbrüderschaft geschlossen hatten, wie es im Norden üblich war.

Der frühe Loki galt als Gott des Herdfeuers, später entwickelte er sich zum Gott der List und des Betrugs, der überall verabscheut wurde.

Thor, der den emsigen, norwegischen Fleiß verkörperte, war Lokis kräftiger, grundehrlicher, wenn auch etwas naiver Gegenspieler. Loki hingegen repräsentierte Opportunismus und Erfindungsgabe und nahm es mit der Wahrheit nicht so genau. Diese zwei Götter hatten eine enge kameradschaftliche Beziehung. Thor war grundsätzlich aufrichtig, Loki war ein geborener Intrigant. Auf die Dauer kam Loki aufgrund seiner Hinterhältigkeit vom Pfad der Tugend ab und entwickelte sich zu einem äußerst selbstsüchtigen und bösartigen Wesen. Er symbolisierte das Prinzip des Bösen in der Form von Täuschung und Verrat.

Die Götter erkannten diese verborgene Form des Bösen nicht sofort, sie dachten, daß Loki zu ihnen gehörte. Loki begleitete sie auf ihren Reisen und nahm an ihren Vergnügungen teil. Die Götter ließen ihn jedoch auch bei ihren Versammlungen und Beratungen zu, wo sie bedauerlicherweise auf Kosten ihrer Ehre und Unschuld allzuoft seine hinterlistigen Ratschläge befolgten.

Loki verweilte meistens in Thors Gesellschaft. Loki begleitete Thor auch zur Burg des Utgarda-Loki in Jötunheim, um dem Riesen Geirod Thors magischen Hammer zu entwenden, den er ihm selbst mit einer List zugeschanzt hatte. Er war derjenige, der Freyjas Halskette stahl und das goldene Haar der Sif, der Gattin Thors, abschnitt, außerdem lieferte er die Frühlingsgöttin Idun und ihre Verjüngungsäpfel dem Riesen Thiazzi aus. Es sind nur wenige Fälle bekannt, in denen er den Göttern einen guten Rat gab und ihnen tatsächlich half, und auch nur, wenn er sie aus heiklen Situationen retten mußte, in die er sie selbst gebracht hatte.

Die hinterhältige Rolle, die Loki beim Tod des Baldr (*siehe dort*) spielte, zwang die Götter, das Böse mit eiserner Hand zu bekämpfen.

Sicherheitshalber hatte Loki sich in einen Lachs verwandelt und sich unter einem Wasserfall versteckt. Schließlich fing Thor ihn dort mit seinem Netz. Loki wurde in einer tiefen Höhle an einen Felsen gekettet (vgl. Prometheus in der griechischen Mythologie), in der eine Schlange lebte, die ihr Gift auf Lokis Gesicht tropfen ließ. Da das Gift ihm unerträgliche Schmerzen bereitete, fing seine Frau Sigyn (Lokis Frau in der Asengemeinschaft) es in einer Schale auf. Sobald die Schale jedoch entleert werden mußte, tropfte wieder Gift auf Lokis Gesicht, wodurch er sich dermaßen vor Schmerzen krümmte und wand, daß die Erde bebte.

Bei der Götterdämmerung und dem Ausbrechen der letzten Weltschlacht (Ragnarök) löste Loki fast mühelos seine morschen Fesseln und wurde der Anführer des Heers der Riesen.

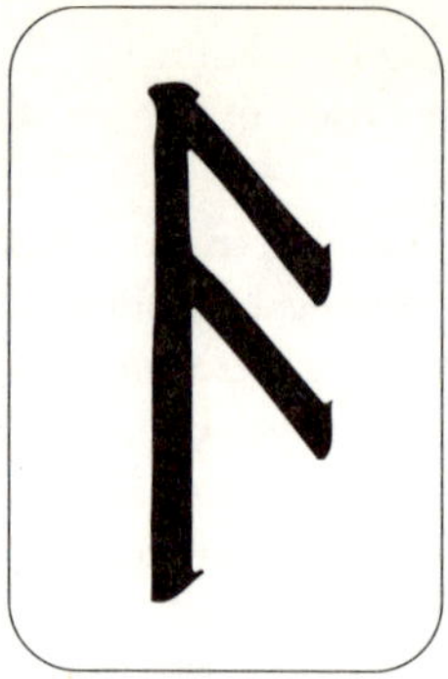

4. ANSUZ - einer der Asen, Mund

Lautwert: a

Die Ansuz-Rune war nicht nur die Rune des Wortes, des Liedes und anderer poetischer Äußerungen, sondern auch die der magischen Beschwörungen, die der nächsten Generation überliefert wurden. Diese Rune war für die Nordländer auch der Ausdruck ihres Glaubens an göttliche Führung, darum galt Ansuz gleichzeitig als Gegenpol zum Chaos. Die Gesetzmäßigkeiten der Natur galten als Beispiel für Verhaltensnormen, die eine geordnetere Gesellschaft schufen.

Die Mythen berichten, daß Odin und seine Gefährten Hönir und Loki eines Tages zwei Bäume auf dem Strand fanden. Daraus machten die drei Götter einen Mann, den sie Ask (Esche), und eine Frau, die sie Embla (Ranke) nannten. Odin schenkte ihnen Lebensatem und Verstand, Hönir Sinnesorgane und Loki Blut und Angesicht. Von Ask und Embla stammt angeblich die Menschheit ab.

Das isländische Runenepos Völuspa sagt hierzu:

> *Atem besaßen sie nicht, auch kein Blut oder Gefühl,*
> *Kein Wort sprachen sie, kein Leben färbte ihre Lippen;*
> *Odin hauchte ihnen Atem ein, Hönir schenkte ihnen Sinnesorgane,*
> *Blut und Angesicht gab ihnen Loki.*

Die Ansuz-Rune, die oft die göttliche Rune genannt wurde, war Odin, dem Hauptgott des nordischen Götterpantheons, geweiht.

Prophetische Bedeutung:

Wenn die Ansuz-Rune beim Weissagen eine wichtige Rolle spielt, bedeutet dies, daß der Fragesteller ein rationaler Menschentyp ist, zum Beispiel ein Journalist, oder jemand, der gern Ideen austauscht, oder auch jemand, der auf der Suche ist. Der Fragesteller wird ständig Menschen kennenlernen, die ihm weiterhelfen können. Seien Sie auf Intrigen gefaßt und gehen Sie Heimlichkeiten aus dem Wege. Rechnen Sie mit längeren Ausbildungszeiten, um die vorhandenen Talente zu entwickeln.

Rune liegt richtig herum:

Feuriger und charismatischer Redner oder Autor, enthüllende Einsichten, überraschende Beziehungen und Kontakte, geistig oder sonstwie sehr flexibel.

Rune liegt auf dem Kopf:

Eitler Schwätzer, Intrigant, Betrug, Verbreiter falscher Gerüchte, sensationslüstern.

Parallelen:

Tarot:	Große Arkana I - Der Magier
Astrologie:	Sonne im Zwilling/Mond im 12. Haus
I Ging:	59. Hexagramm, *Huan* - Die Auflösung

ODIN/WOTAN

Odin, Wuotan oder Wotan war der höchste Gott des nordischen Götterpantheons, als ältester Gott hatte er überdies den höchsten Thron inne. Hlidskialf, wie dieser Thron hieß, war nicht nur ein erhabener Thron, sondern auch ein Ort, von dem aus er alle Welten überblicken konnte. Darum war er immer gut darüber unterrichtet, was bei den Riesen, Elfen, Zwergen und Menschen geschah.

Odin war meistens in ein weites graublaues Gewand gehüllt - ein Sinnbild des bewölkten Himmels, dessen Personifikation er war. Ein Hut mit breiter, weit heruntergeschlagener Krempe verbarg seine leere Augenhöhle. In seiner Hand hielt er gewöhnlich seinen mit Runen verzierten Speer Gungnir, der sein Ziel nie verfehlte. An seinem Finger oder Arm trug er den Wunderring Draupnir, der sich - als Symbol der Fruchtbarkeit - alle neun Tage achtfach vermehrte.

Asgard, der Wohnsitz der Asen, in dem ewiger Frühling herrschte, schimmerte und funkelte von Gold und Edelsteinen. Asgard war von breiten Flüssen umgeben, die von messerscharfen Schwertern wimmelten, wachsame Hähne bewachten die Tore. Bifröst (Regenbogen) war der Name der Brücke zwischen Asgard und der Menschenwelt Midgard, auf ihr hielt Heimdall Wache.

Außer dem prunkvollen Palast Gladsheim, in dem zwölf Throne standen, auf denen die Götter während ihrer Versammlungen saßen, besaß Odin noch einen zweiten Palast in Asgard. Dieser Palast Walhalla war die Halle, in die alle mutigen Krieger nach ihrem Tod in der Schlacht gebracht wurden. Seine Türen waren so breit, daß 800 Krieger nebeneinander hindurchgehen konnten. Goldene Säulen, in die Runen eingeritzt waren, zierten diese Halle; sie strahlten dermaßen, daß sie die ganze Halle erleuchteten. Das Dach bestand aus kunstvoll bearbeiteten, silbernen Schilden, und auf den Bänken lagen prächtige Rüstungen, Geschenke, die Odin seinen Gästen machte. Hier wurden die Geister der gefallenen Helden - die Einheriar - mit einem üppigen Mahl bewirtet, und die Walküren füllten die Trinkhörner mit funkelndem Met.

Bei den alten Nordeuropäern galt Krieg führen als ehrenvollste Beschäftigung und Mut als größte Tugend; sie verehrten Odin vor allem als Gott des Kampfes und des Sieges. Sie glaubten, daß er bei jeder bewaffneten Auseinandersetzung seine Kriegsjungfrauen, die Walküren, entsandte, die die Hälfte der gefallenen Krieger auserwählten (die andere Hälfte stand Freyja zu), ihnen den Todeskuß gaben und sie auf ihren schnellen Pferden über die schwankende Regenbogenbrücke Bifröst nach Walhalla trugen. Hier wurden die Helden willkommen geheißen und vor Odins Thron geführt, der ihnen als Preis für ihren Mut ein Trinkhorn schäumenden Mets überreichte.

Odin war derjenige, der während der Ausführung eines Wiedergeburtsrituals die Runen entdeckte. Er verwundete sich mit seiner Speerspitze und hängte sich an einem Fuß an einem Ast des Lebensbaumes Yggdrasil auf (vgl. Tarotkarte XII - der Gehängte).

Er hing neun Tage kopfüber, ohne zu essen oder zu trinken, an einem Zweig über der Quelle der Weisheit, die sein Onkel Mimir bewachte. Als er am Ende seiner Kräfte war, entdeckte er die Runen auf dem Boden der Quelle. Völlig erschöpft schrie er auf und streckte sich, so daß er die magischen Zeichen ergreifen und an seine Brust drücken konnte. Mit Hilfe ihrer magischen Kraft stürzte der Gott ohnmächtig aus dem Baum ... die Runen hielt er jedoch fest. Diese magischen Schriftzeichen waren Odins Beitrag zur Entwicklung der Kultur.

Mit einem Schluck aus der Quelle der Weisheit erweckte Mimir ihn wieder zum Leben. Mimir forderte jedoch, daß Odin sein rechtes Auge als Preis für das Urwissen opferte, das der Gott mit dem Schluck Quellwasser getrunken hatte. Manche Überlieferungen erwähnen, daß Mimir, Odins Onkel mütterlicherseits, seitdem seinen täglichen Schluck Quellwasser aus Odins geopfertem Auge trank.

Doch blieb Odin selbst auf dem Höhepunkt seiner Verehrung launenhaft und unberechenbar, auch was seine Gunstbeweise anbelangte. Ohne triftigen Grund konnte er jemanden, den er kurz zuvor noch auf den Händen getragen hatte, wie eine heiße Kartoffel fallenlassen. Er war nicht nur launisch, er war überdies auch sehr lüstern. Keine Göttin, Riesin oder sterbliche Frau war vor seinen leidenschaftlichen Annäherungsversuchen sicher, infolgedessen hatte er unzählige Söhne und Töchter.

Als höchster Luftgott galt Odin natürlich als Liebhaber der Mutter Erde, und da die Nordländer drei Erscheinungsformen der Erde kannten, wiesen sie Odin für jede dieser Formen eine Frau zu.

Die erste war Jörd, die grobe Erde. Sie schenkte ihm seinen kampflustigen Sohn Thor/Donar, den Donnergott. Die zweite und wichtigste Frau war Frigg, die fruchtbare Erde. Sie schenkte ihm Baldr, den beliebten Frühlingsgott, und den tapferen Hermodr. Die dritte Frau war Rinda, eine Personifikation der harten, gefrorenen Erde, die Odins Annäherungsversuchen widerwillig nachgab und die dem Vali, einem Symbol der Vegetation, das Leben schenkte.

Manche Quellen erwähnen, daß Odin auch Saga heiratete und sie täglich in ihrem Kristallpalast Sökkvabekk besuchte, der zwischen üppiger Vegetation und an einem leise plätschernden Bach lag. Beim Genuß eines kühlen Bechers Met lauschte er ihren Liedern, die von Göttern und Helden erzählten, von ihren größten Taten und von den ruhmreichen Ereignissen der Vergangenheit.

In den nordischen Mythen und Sagas spielten außer Frigg, Jörd und Rinda noch viele andere Frauen eine wichtige Rolle in Odins Leben, darunter Grid, die Mutter des Vidarr; Gunnlöd, die Mutter des Bragi; und die neun Töchter des Meeresgottes Ägir, die Wellenmädchen, die Heimdall gemeinsam zur Welt brachten.

XII
DER GEHÄNGTE

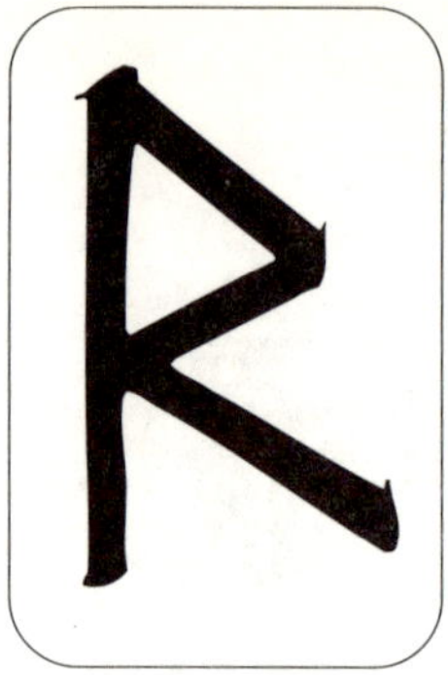

5. RAIDO - Rad, Reisen, Kommunikation

Lautwert: r

Die tiefere Bedeutung dieser Rune ist die Fähigkeit, sich innerhalb der eigenen natürlichen Schranken zu bewegen, zu entdecken, ob es Grenzen gibt und wo sie liegen. Diese Rune stellt zugleich die Kraft eines Menschen dar, Entscheidungen zu treffen und sie diszipliniert zu realisieren, um in seinen Lebensverhältnissen Ordnung zu schaffen und sie seinem Willen anzupassen.

Das Arbeiten mit der Raido-Rune beinhaltet den Willen, den eigenen Lebensweg zu wählen und der inneren Stimme zu folgen; mit anderen Worten: sich nicht von anderen beeinflussen lassen und ohne Umwege zu versuchen, das selbstgesteckte Ziel zu erreichen.

Das angelsächsische Runenepos sagt hierzu:

> *(Reiten) bereitet dem Krieger*
> *in Walhalla viel Vergnügen,*
> *kostet denjenigen jedoch maßlose Energie,*
> *der auf dem Rücken eines kräftigen Pferdes*
> *einen langen Weg zurücklegen muß.*

Prophetische Bedeutung:

Die Botschaft der Raido-Rune lautet, daß jemand, der weiter sieht als seine Nase reicht, darauf gefaßt sein sollte, Reisen unternehmen zu müssen, sowohl in Wirklichkeit als auch im Geiste, auf der Suche nach neuen Horizonten und Erkenntnissen.

Wer zu Hause am Ofen sitzen bleibt und darauf wartet, daß ein Guru, der fertige Weisheiten verkauft, an der Haustür klingelt, kommt nicht weit. Das heißt jedoch nicht, daß man sofort den Rucksack packen und nach Katmandu oder Tibet fahren muß.

Die Reise, die unternommen werden muß, ist eine Suche im Unbekannten und nach Werten, die besser zum Fragesteller passen; folglich ist es eine Reise zur Selbstentdeckung. Dies erfordert Ehrlichkeit, Strapazen oder Opfer. Das Resultat entschädigt einen jedoch, da man sich bewähren wird und weiß, was man kann und was man will.

Vertrauen Sie Ihrem Gefühl, wenn Sie sich einer Gruppe anschließen wollen, Sie müssen fühlen, daß Ihr Bestreben mit wenigen Worten verstanden wird.

Rune liegt richtig herum:

Suche, geistiges Wachstum, aufräumen, Ordnung schaffen, Reisen (auch innere), Unabhängigkeit, neue Horizonte, Gerechtigkeit.

Rune liegt auf dem Kopf:

Ruhelosigkeit, Zerrüttung, Desillusion, Versetzung, Degradierung, Ziellosigkeit, Stillstand.

Parallelen:

Tarot:	Große Arkana V - Der Papst
Astrologie:	Sonne im Schützen/Mond im 3. Haus
I Ging:	45. Hexagramm, *Tsui* - Die Sammlung

Die SONNE und der MOND

Alsvidr (Schnelläufer) war eines der Pferde des Gespanns - das andere Pferd hieß Arvakr (Frühauf) -, die den Triumphwagen der Sonnengöttin Sunna oder Sol zogen, mit dem sie täglich über den Himmel reiste. Sunna versteckte sich vor den Blicken der Menschen, indem sie sich in die Strahlen des Svalin, ihres goldenen Sonnenschildes, hüllte.

Sie galt als die Schwester des Mondes (Mani). Die jüngere Edda nennt Mundilfari (Achsenschwinger oder -dreher) als ihren Vater und gibt ihr Glenr (Glanz) zum Mann.

Zwei junge Wölfe verfolgten unermüdlich die von Odin, Vili und Vé angefertigten Triumphwagen der Sunna und des Mani. Diese Wölfe waren Nachfahren des Fenriswolfs. Jarnsaxa, eine alte, menschenfressende Riesin, zog sie in Utgard auf, damit sie, sobald sie groß und stark waren, die Sonne und den Mond verschlingen konnten.

Fast alle Naturvölker glaubten, daß diese Himmelskörper bei Sonnen- und Mondfinsternissen Gefahr liefen, von schrecklichen Dämonen in Drachen- oder Schlangengestalt verschlungen zu werden. Darum versuchte man, bei diesen Naturerscheinungen soviel Lärm wie möglich zu machen und die Ungeheuer durch lautes Schreien oder Schlagen auf eiserne Fässer in die Flucht zu jagen.

In der nordischen Sagenwelt haben diese Dämonen Namen bekommen: Managarmr (der Mondwolf) verfolgte den Mond, und ein junger Nachkomme des Fenriswolfs würde eines Tages die Sonne verschlingen. Außerdem waren zwei andere Wölfe, Sköll (Stürmer) und Hati (Haß) der Sonne auf den Fersen.

6. KENAZ - Fackel, Licht

Lautwert: k

Feuer war von alters her ein Symbol der geistigen Erleuchtung und plötzlichen Erkenntnis. In vorchristlicher Zeit zündete man jeden Frühling auf Bergen große Feuer an, die die Sonne zur Rückkehr anspornen sollten, die Sonne galt bei vielen heidnischen Völkern als Symbol neuer Lebenskraft.

Von jemandem, der in seinem Leben plötzlich zu Einsichten gekommen ist und das Ruder herumwirft, um auf neue Ziele zuzusteuern, wird oft gesagt, daß ihm ein geistiges Licht aufgegangen ist. Die Bedeutung der Kenaz-Rune ähnelt dieser Aussage in mancher Hinsicht. Kenaz bedeutet nicht nur Selbsterkenntnis, inneres Wissen und das Vertrauen, daß beim Betreten eines unbekannten Landes der Weg erleuchtet wird und einem die Richtung gezeigt wird. Kenaz bedeutet auch, daß man sich gegen feindliche Einflüsse wappnen und erworbene (technische) Fertigkeiten der nächsten Generationen weitergeben kann.

Diese Rune war dem Sonnengott Freyr geweiht, der das Land der Lichtelfen regierte.

Das angelsächsische Runenepos sagt hierzu:

Eine Fackel spendet jedem Licht,
die Flamme blendet und strahlt;
sie brennt jedoch hell und beständig bei jenen,
die dem inneren Feuer vertrauen.

Prophetische Bedeutung:

Wenn beim Wahrsagen viel Nachdruck auf der Kenaz-Rune liegt, bedeutet dies große Veränderungen, wodurch viele alte Probleme energisch gelöst werden können und neue Beziehungen entstehen. Es eröffnen sich neue Perspektiven, und der Wunsch nach kreativer, künstlerischer Äußerung entfaltet sich. Liegt die Rune jedoch auf dem Kopf, kündigt sie den Verlust wertvollen Eigentums oder das Ende einer langen, jedoch abgekühlten Beziehung an.

Rune liegt richtig herum:

Offenbarung, plötzliche Erkenntnis, Inspiration, Licht auf dem Weg, Einsicht, künstlerische Begabung.

Rune liegt auf dem Kopf:

Falsche Hoffnung, Prestigeverlust, Illusionen verlieren, ziellos, verletzlich, wehrlos, kraftlos.

Parallelen:

Tarot:	Große Arkana VII - Der Triumphwagen
Astrologie:	Mars in Konjunktion mit Venus
I Ging:	4. Hexagramm, *Mong* - Die Jugendtorheit

FREYR ODER FREY

Isländische Quellen berichten von einem Krieg, der zwischen den Asen und Vanen ausbrach, nachdem die Vanen die unheilvolle Zauberin Gulveig (Golderz) nach Asgard geschickt hatten. Als sie des Kampfes überdrüssig waren, schlossen sie ein Bündnis, und die Göttergeschlechter wechselten Geiseln aus: die Vanen den Gott Njörd und seine Kinder Freyr und Freyja und die Asen den schnellen, langfüßigen Hönir sowie Mimir, den Wächter der Quelle der Weisheit. Fortan verkehrten die Vanen in der Gesellschaft der Götter in Asgard.

Freyr, ein Fruchtbarkeitsgott, war der Gatte der Erdr (Mutter Erde). In Schweden wurde er als Fricco, in Norwegen und Island als Freyr verehrt. Freyr und sein Vater Njörd wurden um eine reiche Ernte angerufen, bei Opfermahlzeiten wurde ihnen stets ein Trinkhorn süßen Mets dargeboten, um ein friedliches und fruchtbares Jahr zu erflehen. Da Vater Njörd auch ein Sturmgott war, baten die Seefahrer ihn um günstigen Wind und den Schutz ihrer Schiffe.

In den norwegischen Sagen spielt Freyr, nach Odin und Thor, die wichtigste Rolle. Ursprünglich war er ein phallischer Naturgott, der Sonnenschein und Regen schenkte. Danach entwickelte er sich zu einem Sonnen- und Fruchtbarkeitsgott, der im Palast Uppsaldir (höchste Himmelssäle) wohnte, und Ljossälsfheim, das Land der Lichtelfen, von den Göttern als Geschenk erhielt, nachdem er seine ersten (goldenen) Zähne bekommen hatte.
Sein Reittier war ein goldener Eber, der sich ständig erneuerte und als Sonne galt; auch der Gott war von einem hellen Lichtglanz umgeben.

Zu Winteranfang (Yulefest) wurde ihm das schönste Wildschwein der Herde geopfert, zudem legte man Gelübde ab, die im nächsten Jahr erfüllt werden sollten.

Außerdem besaß Freyr ein unbesiegbares, magisches Schwert, das selbständig kämpfen konnte, sowie das schnelle Lichtschiff Skidbladnir (geflügeltes Holz), das die Zwerge Brok und Sindri für ihn gebaut hatten. Es steuerte selbst auf sein Reiseziel zu, sobald die Segel gehißt waren; wenn er es nicht mehr brauchte, konnte er es zusammenlegen und in seine Tasche stecken.

Alle Schimmel (Fruchtbarkeitssymbole?) waren dem Freyr geweiht, er wurde vielerorts auch in dieser Gestalt verehrt.

In der letzten Weltschlacht Ragnarök, die den Untergang der Götter ankündigte, wurde Freyr vom flammenden Schwert des dunklen Surtr besiegt, einem der Söhne der Feuerwelt Muspellsheim. Sein eigenes magisches Schwert hatte er dem Riesen Gymir als Pfand hinterlassen, als er dessen Tochter Erdr heiratete. Darum konnte er sich während des tödlichen Kampfes nur mit einem Stück Hirschgeweih verteidigen, das er schnell vom Boden aufgehoben hatte.

7. GEBO - Gabe, Gastfreundschaft, Ehe, Opfer

Lautwert: g

Die Gebo-Rune symbolisiert eine Gabe, die dauerhafte Zufriedenheit schenkt. Die Kraft dieser Rune ermöglicht es, daß zwei Menschen, meistens Mann und Frau, freiwillig eine Beziehung eingehen, da sie sich zusammen stärker fühlen und kreativer sein können.

In einer der Strophen der Havamal heißt es hierzu:

Wenn du jemandem begegnest, dem du vertraust,
dessen Zuneigung du willst,
tausche mit ihm Geschenke und Gedanken aus
und klopfe immerfort an seine Tür.

Diese Rune wurde der Freyja zugeschrieben, ihr ist der Freitag geweiht.

Prophetische Bedeutung:

Wenn die Gebo-Rune beim Wahrsagen an einem wichtigen Ort erscheint, bedeutet dies, daß der Fragesteller in naher Zukunft eine Gabe empfängt, die ihm dauerhaftes Glück bescheren kann. Dies kann eine Heirat sein, eine feste Beziehung, Vertiefung der Gefühlsintensität oder Verbesserung der materiellen Situation durch Partnerschaften.

Hierfür muß jedoch einiges aufgeopfert werden, auch in der Lebensweise treten Veränderungen auf, das Resultat wird jedoch positiv und harmonisch sein.

Rune liegt richtig herum:

Ein Geschenk, geben und empfangen, Aufopferung, gastfreundlich, edelmütig, Partnerschaft, Belohnung, Vermächtnis oder Erbe.

Rune liegt auf dem Kopf:

Abhängigkeit, Habgier, Entbehrungen, Lastträger, Unglücksvogel, Einsamkeit.

Parallelen:

Tarot:	Große Arkana VI - Die Liebenden
Astrologie:	Sonne in den Fischen / Mond im 6. Haus
I Ging:	64. Hexagramm, *We Dsi* - Vor der Vollendung

FREYJA

Freyja, Tochter des Meeres- und Sturmgottes Njörd, gehörte, wie auch ihr Bruder Freyr, dem Göttergeschlecht der Vanen an. Im Grunde zeigte sie viel Übereinstimmung mit der Göttin Frigg, der Frau des Odin, und beide galten als Göttinnen der Liebe.

Freyja ritt, wie auch ihr Bruder, auf einem Eber, und auch sie wurde um Fruchtbarkeit angefleht. Sie fuhr in einem Triumphwagen, den ein Katzengespann zog, aus dem sie freigebig Früchte und Blumen streute. Auch war sie in der magischen Kunst sehr bewandert, sie gab viele ihrer Kenntnisse an Odin weiter.

Freyja war die Königin der Walküren, Kriegsjungfrauen, die nach der Schlacht den Tod der Krieger mit dem Todeskuß besiegelten. Die Hälfte der Gefallenen trugen sie auf ihren schnellen Pferden nach Sessrymnir (dem Saal mit tausend Stühlen) in Freyjas Palast Folksvang. Hier heilte Freyja ihre Wunden und schenkte ihre Trinkhörner voll mit schäumendem Met, dem Göttertrank, der zu Redegewandtheit, Gesang und Tanz inspirierte. Die andere Hälfte der Gefallenen wurde nach Walhalla begleitet, wo Odin und sein Schattenheer, die Einheriar, die Helden genauso gastfreundlich begrüßten.

Auch sie konnte eine andere Gestalt annehmen und verwandelte sich oft in einen Falken; ihr Falkengewand lieh sie dem heuchlerischen Loki zur Befreiung der Frühlingsgöttin Idun (*siehe dort*).

Da Freyja in ihrer frühesten Form eine Fruchtbarkeitsgöttin war, betete man zu ihr, wenn man einen guten Ehepartner suchte oder zahlreiche und gesunde Nachkommen bekommen wollte.

Wie die meisten Fruchtbarkeitsgöttinnen der Mythologie war auch Freyja eine Ehebrecherin. In unseren Gegenden wurde Freyja oft mit Frigg verwechselt, nicht nur wegen des ähnlich lautenden Namens, auch die Funktion der Göttinnen war fast von gleicher Art.

Einer der von Freyja überlieferten Mythen berichtet, daß sie eines Tages Svartälfheimr, die unterirdische Schmiede der schwarzen Zwerge, besuchte und auf ihrer Werkbank eine Halskette liegen sah, die, was Schönheit und fachmännisches Können anbelangte, alles übertraf, was sie jemals gesehen hatte. Die Göttin, die auf Schmuck versessen war, hatte nichts anderes mehr im Sinn, als dieses Kleinod zu besitzen. Die Zwerge wollten ihrem Verlangen entgegenkommen, unter der Bedingung, daß sie mit jedem von ihnen eine Nacht verbrachte. Freyja stimmte zu, ohne auch nur einen Moment zu zögern.

Als Odin dies hörte, war er so verärgert, daß er dem arglistigen Loki den Auftrag gab, das Halsband namens Brisingamen, das sie niemals ablegte, in der Nacht zu stehlen. Loki verwandelte sich zu diesem Zweck in einen Floh und störte Freyjas Schlummer derartig, daß sie sich unruhig im Bett herumwälzte, so daß er den Verschluß des Halsbandes öffnen und sich den von Odin gewünschten Schmucks unbemerkt aneignen konnte.

Doch der hilfsbereite Gott Heimdall, der Wächter der Regenbogenbrücke, hörte und sah alles. Nach einem erbitterten Kampf in den aufgewühlten Wellen in der Nähe des Schaumfelsens konnte er Loki das Kleinod entreißen und der überglücklichen Freyja ihren geliebten Schmuck zurückgeben.

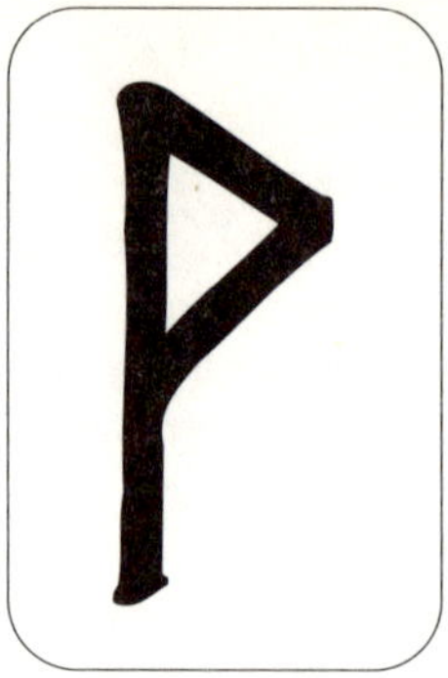

8. Wunjo - Freude, Erfüllung von Wünschen

Lautwert: w/v

Die Wunjo-Rune hat eine unparteiische Überzeugungskraft, wodurch gegensätzliche Standpunkte zu einem harmonischen Ganzen verschmelzen, Wünsche in Erfüllung gehen und das Gleichgewicht wiederhergestellt wird. Diese Rune stiftet Frieden und bringt Dinge in Übereinstimmung, außerdem fördert sie neue (Geschäfts-) Beziehungen, die nicht nur Glück und stille Freude bedeuten, sondern auch in materieller Hinsicht positiv sein können.

Freude erzeugt neue Energie, die bis dahin blockiert war. Beseelt von einer ungeahnte Klarheit sieht man ein, daß man auf manche Pläne und Zielsetzungen verzichten muß, wenn die harmonische Verbindung von Ego und innerem Selbst andauern soll.
Das angelsächsische Runenepos sagt hierzu:

Freude ist dem beschert, der wenig Sorgen hat,
dem eine glänzende Gesundheit geschenkt ist
und der mit einem friedlichen Haus gesegnet ist.

Diese Rune wird meistens dem allseits beliebten Gott Baldr zugeschrieben. Laut dem dänischen Heldengedicht wurde sein Schiff mit seinem Leichnam in der Ostsee versenkt.

Prophetische Bedeutung:

Diese Rune ist die Trägerin guter Nachrichten, sie bedeutet Glück und Freude nach schwierigen Zeiten sowie Genesung und Selbstvertrauen. Sie ist die Belohnung für Opfer, die gebracht wurden; und die Zukunft sieht rosig aus. Wunjo symbolisiert das Bindeglied, das die verschiedensten Meinungen harmonisch vereint, was zu Freundschaft und gutem Willen führt. Mit dieser Rune wird auch Familiensinn und Heimatliebe angedeutet.

Rune liegt richtig herum:

Freude, Wunscherfüllung, Toleranz, Kameradschaft, Zuneigung, Harmonie, stilles Glück.

Rune liegt auf dem Kopf:

Kummer, Vertrauensverlust, unüberwindliche Hindernisse, Entfremdung, Disharmonie.

Parallelen:

Tarot:	Große Arkana VIII - Die Kraft
Astrologie:	Jupiter in der Waage / Venus im Löwen
I Ging:	26. Hexagramm, *Da Tschu* - Des Großen Zähmungskraft

BALDR

Aus der Ehe des Odin und der Frigg gingen Zwillinge hervor, zwei Söhne, deren Charakter und Aussehen sehr verschieden waren. Hödr, der Gott der Finsternis, war schwermütig, verschlossen und blind. Sein Bruder Baldr hingegen galt als Gott des Lichtes, der Reinheit und der Unschuld. Er war schön und für seine strahlende Erscheinung bekannt; jeder, der ihn sah, liebte ihn, kein Gott konnte ihm an Güte gleichkommen. Der junge Gott des Lichtes war in den Geheimnissen der Runen gut bewandert, denn sie waren auf seine Zunge tätowiert, außerdem kannte er die geheimen Kräfte der Kräuter. Nur Loki mochte Baldrs einnehmendes Wesen nicht. Der heuchlerische Gott haßte den strahlenden jungen Baldr und schmiedete böse Pläne, ihn zu Fall zu bringen.

Eines Nachts träumte Baldr von seinem Untergang. Die Träume störten seine Ruhe, und am nächsten Tag erzählte er sie den anderen Göttern. Frigg, die wie Odin über magische Kräfte verfügte, entlockte den Wesen und Kräften der Natur aus Liebe zu ihrem Sohn den Schwur, Baldr niemals Leid anzutun.

Hiernach schien Baldr unverwundbar zu sein. Um dies zu beweisen, legten die anderen Götter aus Spaß ihre Waffen auf ihn an, doch kein Geschoß, Schlag oder Stoß konnten ihn verletzen.

Dieses Wunder drohte die bösen Pläne des Loki zu vereiteln. Darum erstattete er, als alte Frau vermummt, der Frigg einen Besuch, damit er sie ausfragen konnte. In diesem Gespräch entdeckte er, daß alle Wesen und Kräfte der Natur das Versprechen gegeben hatten, Baldr kein Leid anzutun, abgesehen von einem Mistelzweig, der westlich von Walhalla auf einer Eiche wuchs. Loki schnitt den Zweig schnell ab, spitzte ihn an, und gab ihn Baldrs Bruder Hödr, dem blinden Gott der Nacht. Mit Lokis Hilfe zielte er auf den Gott des Lichtes. Der Mistelzweig traf sein Ziel, durchbohrte Baldrs Herz, und der beliebte Gott stürzte tot zu Boden.

Die Götter waren zwar tief betrübt und bestürzt, erklärten sich jedoch nicht für geschlagen. Sie schickten Odins Sohn Hermodr auf Odins achtbeinigem Pferd Sleipnir ins Schattenreich Niflheim, um Baldrs Rückkehr zu erflehen. Nach vielen Irrfahrten und Entbehrungen erreichte er das Tor des Schattenreiches, wo die Göttin Hel das

Zepter führte, und hielt ein leidenschaftliches Plädoyer für die Rückkehr Baldrs aus dem Totenreich.

Hel war zwar eine abstoßend häßliche, jedoch keine bösartige Göttin, und sie stimmte Hermods Bitte um Baldrs Leben zu, unter der Bedingung, daß alle lebenden Wesen der Welt um ihn weinten.

Da alle Baldr liebten, schien seine Rückkehr in die Götterwelt gewährleistet. Loki jedoch war fest entschlossen, seinen Verrat zu besiegeln; er verwandelte sich in die Riesin Thokk (Steinkohle) und weigerte sich, über den Tod des strahlenden jungen Gottes Tränen zu vergießen.

Baldr war nunmehr verurteilt, in der Unterwelt zu bleiben, um nach der letzten Weltschlacht Ragnarök, die den Untergang der Götter bedeutete, strahlender und reiner denn je in eine wiedergeborene Welt zurückzukehren.

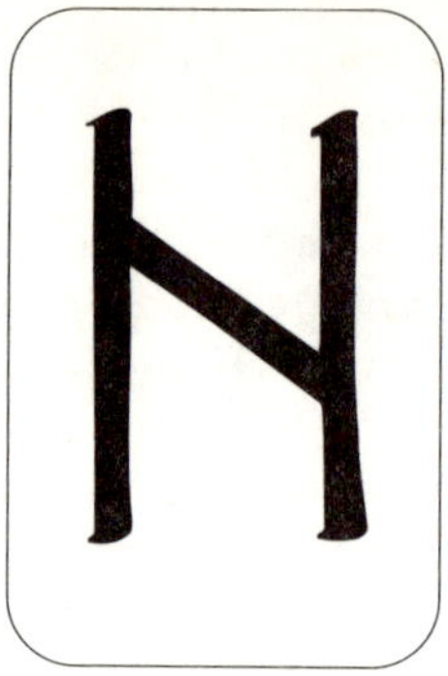

9. HAGALAZ - Hagel, Schneestürme, Samen, Ei

Lautwert: h

Die Hagalaz-Rune symbolisiert zerstörerische Naturkräfte, die unversehens zuschlagen und den Lebensrhythmus völlig zerstören können. Zum Beispiel kann jemand nichtsahnend eine Fernsehsendung anschauen, während ein schweres Gewitter oder anderes Unwetter, das plötzlich heraufzieht, das Dach von seinem Haus reißt oder es in Flammen setzt. Es ist eine Art Kraft, die ehrgeizige Pläne (vor allem lange vorbereitete) vereitelt, da Umstände, die außerhalb der persönlichen Kontrolle liegen, ihre Durchführung hinauszögern oder verhindern. Diese Umstände könnten auch einem ungehinderten Auftreten nach außen hin im Wege stehen, Konflikte mit anderen hervorrufen oder Entfremdung von den eigenen, inneren Antrieben verursachen. Diese Rune warnt außerdem vor der drohenden Gefahr, den einfachsten Weg zu wählen, da dies zu Stillstand des persönlichen Wachstums führt. Die Hagalaz-Rune birgt also das komplizierte Prinzip, daß man schwierigen und gefährlichen Situationen ausgesetzt ist, die zugleich den Samen für fruchtbares Wachstum enthalten. Das angelsächsische Runenepos sagt hierzu:

Hagel, das hellste Getreide,
Windstöße treiben ihn vor sich her,
er fällt aus den höchsten Höhen
und schmilzt zu fruchtbarem Wasser.

Die Hagalaz-Rune nannte man "den Samen des Eisriesen Ymir".

Prophetische Bedeutung:

Diese Rune repräsentiert eine unkontrollierbare, destruktive Kraft, die plötzlich zuschlägt und unvermittelt langgehegte Pläne vereitelt. Vor der logischen Reaktion, den einfachsten Weg zu wählen, muß dringend gewarnt werden. Wenn man andererseits auf bedenkliche, unüberlegte Pläne verzichtet, die einen davongetragenen Schaden, auf welchem Gebiet auch immer, verringern sollen, kann man viel Unheil verhindern.

Rune liegt richtig herum:

Ereignisse, die das Durchführen unüberlegter Pläne verhindern, unerwartete destruktive Einflüsse.

Rune liegt auf dem Kopf:

Heimsuchungen, Entbehrungen, Aufschub und Aufgabe, Schmerz, Verlust, Leiden, Krisen, Katastrophen.

Parallelen:

Tarot:	Große Arkana XXI - Die Welt
Astrologie:	Sonne im Wassermann / Mond im 5. Haus / Planet Uranus
I Ging:	51. Hexagramm, *Dschen* - Das Erregende

NIFLHEIM

Über Niflheim, der Dunst- und Nebelwelt der Geister, wo sonderbare, angsterregende Monster umherirrten, herrschte die Göttin Hel. Laut der norwegischen Sagentradition lag das Schattenreich Niflheim im hohen Norden, am äußersten Rand der Welt; der eiskalte Fluß Gjöll trennte es vom Menschenreich.

An diesem freudlosen, stillen Ort, an den niemals ein Sonnenstrahl drang, saß Hella oder Hel, die Tochter des Loki, in schwermütiges Grübeln versunken, und inspizierte die Schar der an ihr vorbeiziehenden Geister.

Sie sah abschreckend aus, mit hängendem Kopf saß sie auf ihrem Thron und starrte schwermütig auf den Boden. Die eine Gesichtshälfe war tief gefurcht, die andere war unsichtbar, da sie in pechschwarze Schatten gehüllt war. Das Dach des bedrückenden, unterirdischen Palasts der Hel bestand aus Schlangen, deren Gift auf den Boden tropfte, die Wände waren aus Eiskristallen.

Dennoch wurde Hel nicht als eine bösartige Göttin erfahren. Ihr Schattenreich war ein Gebiet der Trägheit, des Schweigens, des Stillstands. Wenn man diesen Ort einmal betreten hatte, konnte man ihn ohne Hilfe nicht mehr verlassen. Es war kein Ort der Bestrafung, es war eher ein Ort der Stagnation und das Ende aller Möglichkeiten.

Das Schattenreich
(nach einem Originalholzschnitt)

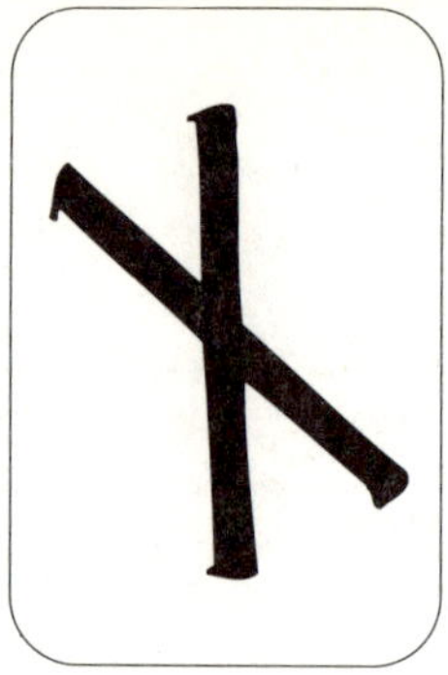

10. NAUDIZ - Schicksal, Zeit, Bestimmung

Lautwert: n

Die Naudiz-Rune symbolisiert das Prinzip des Universums, das Widerstand leistet. Wie bei der Hagalaz-Rune unterliegt es nicht der persönlichen Kontrolle, sondern ist das unvermeidliche Resultat des Gesetzes von Ursache und Wirkung. Hier wird das Basisprinzip von Aktion und Reaktion in die Praxis umgesetzt. Aus der Finsternis und Kälte dieser Schicksalsrune entsteht unvermeidlich das Bedürfnis nach Licht und Wärme, diese können jedoch nur der Ausstrahlung des eigenen Inneren entspringen.

Auch bei dieser Rune ist eine Warnung angebracht: "Den Kopf nicht hängenlassen und die Hoffnung nicht aufgeben!"

Das angelsächsische Runenepos sagt hierzu:

Das Schicksal drückt schwer auf Brust und Herz,
obwohl es dem Menschen dennoch
Hilfe und Rettung bringt,
wenn ihm beizeiten Widerstand geleistet wird.

Die Naudiz-Rune wird mit Skuld (Zukunft), der jüngsten der drei Schicksalsgöttinnen, assoziiert.

Prophetische Bedeutung:

Dies ist die Rune des Ausbrütens, der Entstehung, des Abwartens und des Schicksals, das mit Geduld getragen wird. Die Naudiz-Rune ist das Sinnbild eines Menschen, der eine schwere, unangenehme Last auf seinen Schultern trägt. Sie weckt zugleich Gefühle des Widerstands - obwohl man weiß, daß es falsch ist - und schenkt die Kraft, körperliches oder geistiges Leiden würdig, und so produktiv wie möglich zu erdulden, auch wenn wenig Hoffnung auf bessere Zeiten besteht.

Rune liegt richtig herum:

Ausdauer, Widerstand; Chancen ergreifen, die einen Ausweg bieten; Entschlossenheit.

Rune liegt auf dem Kopf:

Sorgen, Hunger, Kummer, Armut, Erschöpfung, Angst, wachsender Widerstand gegen menschenunwürdige Umstände.

Parallelen:

Tarot:	Große Arkana XV - Der Teufel
Astrologie:	Mond im Skorpion/Sonne im 2. Haus
I Ging:	36. Hexagramm, *Ming I* - Die Verfinsterung des Lichts

DIE SCHICKSALSGÖTTINNEN oder NORNEN

Zu Beginn herrschte Orlog - eine unpersönliche Macht, der man nicht entrinnen und die man nicht verleugnen konnte - über das Schicksal der ganzen Welt.

Der Kampf zwischen den Asen und Vanen entbrannte, nachdem die Vanen die unheilbringende Zauberin Gulveig (Golderz), die die Herzen der Götter und Menschen mit unstillbarer Begierde erfüllte, nach Asgard geschickt hatten, um unter den Asen Unruhe zu stiften. Die Asen warfen Gulveig dreimal ins Feuer, dem sie jedoch jedesmal noch schöner und verführerischer entstieg. Daraufhin schleuderte der wütende Odin seinen Speer Gungnir, der sein Ziel nie verfehlte, nach Vanaheim. So entstand der Krieg zwischen den Asen und Vanen.

Zu diesem Zeitpunkt erschienen drei geheimnisvolle, in dunkle Schleier gehüllte Schwestern, die Orlogs Aufgabe übernahmen, darin jedoch nuancierter waren. Sie verdeutlichten das Gesetz von Ursache und Wirkung - das Orlog verkörperte - und machten klar, daß aus Taten in der Vergangenheit und dem Jetzt als unabwendbare Folge das Schicksal von morgen entsteht.

Skuld, die jüngste der drei Nornen, hatte ihren Blick auf die Zukunft gerichtet. Sie war die Spinnerin, die bei der Geburt eines Menschen seinen Lebensfaden spann. Bei einer Heirat verknüpfte Verdandi, die das Jetzt scharf überblickte, die zwei Lebensfäden, Urdr hingegen, die älteste der drei Schwestern, die einer alten Hexe glich, schaute in die Vergangenheit und grübelte über Erben und Ahnen. Wenn Menschen starben, schnitt sie den Lebensfaden durch und vertraute die Geister der Obhut der Göttin Hel im Schattenreich Niflheim an.

Die Schicksalsgöttinnen ließen sich mit ihren Spinnrädern an Urds Quelle der Weisheit bei den Wurzeln des Lebensbaums Yggdrasil nieder. Dort bewachten sie nicht nur das Wohl des Baumes, sondern auch das Los der Götter.

Sie umsorgten Yggdrasil, den Schutzbaum der Götter, und gossen ihn täglich mit Wasser aus der Quelle der Weisheit, damit er nicht verdorrte, sondern grün, frisch und stark blieb, trotz der unaufhörlichen Zerstörungen, die die böse Schlange Nidhöggr an seinen Wurzeln anrichtete.

Doch auch die Götter konnten der Macht des Schicksals nicht entkommen; laut dem Völuspalied war nach dem Erscheinen der Schicksalsgöttinnen die Glanzzeit, die Ungebrochenheit und Unschuld der Asen vorüber. Sogar der Hergang des Ragnarök schien von der Entscheidung der Schicksalsgöttinnen abzuhängen.

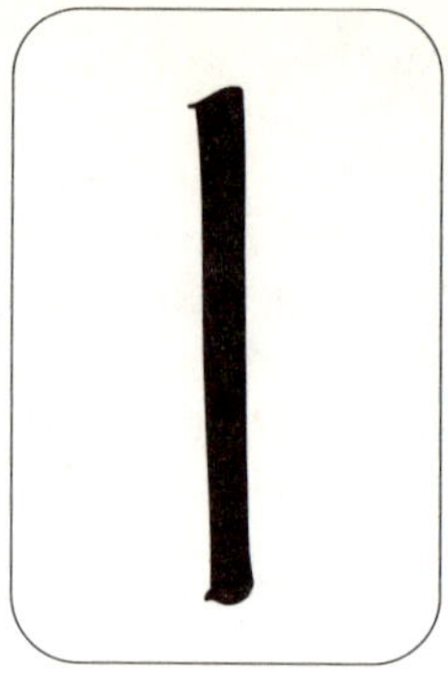

11. ISA - Eis, Isolation, Stillstand

Lautwert: i/ei

Die Isa-Rune stellt das Prinzip des Zusammenziehens und der Schrumpfung dar. Sie zieht alles, was sich in ihrer Nähe befindet, so dicht wie möglich an sich heran, und läßt es zu Stille, Finsternis und Kälte erstarren. An sich ist diese Kraft ein destruktives Element, doch wo sie wie eine Bremse auf zügellose, feurige Dynamik wirkt, erfüllt sie eine unentbehrliche Funktion. Mit ihren dämpfenden Eigenschaften schlägt diese Rune eine Brücke zwischen entgegengesetzten Prinzipien.

Das isländische Runenepos sagt hierzu:

Eis bestimmt die Breite des Flusses
und das Dach der Wellen
es ist eine große Gefahr
für den sterblichen Menschen.

Die Rune offenbart den Gegensatz zwischen dem lodernden Feuer in Muspellsheim und der eisigen Kälte des Reichs der Eisriesen.

Prophetische Bedeutung:

Eis bildet sich still und unhörbar und kann zudem trügerisch sein. Es kann jedoch auch ruhelose Wellen unter seiner Oberfläche erstarren lassen und zum Beweis seiner Macht aus Wasserfällen und Springbrunnen unbewegliche Monumente machen. Tückisch und subtil verhindert Eis Aktion. Es ist vernünftig, die Angelegenheit, die den Fragesteller beschäftigt, einzufrieren, bis "Tauwetter einsetzt", das die Isolation beseitigt, so daß die Sache mit neuer Begeisterung ins Rollen kommt.

Rune liegt richtig herum:

Konzentration, Stillstand, Unbeweglichkeit, Selbstkontrolle, Blockierung unerwünschter Situationen, Willenskraft.

Rune liegt auf dem Kopf:

Tückisch, unzuverlässig, Selbstsucht, Abkühlen einer Beziehung, langweilig, Isolation.

Parallelen:

Tarot:	Große Arkana IX - Der Einsiedler
Astrologie:	Sonne im Krebs/Mond im 10. Haus
I Ging:	41. Hexagramm, *Sun* - Die Minderung

JÖTUNHEIM - UTGARD

Nach der norwegischen Sagenüberlieferung lag Jötunheim, das kalte, kahle Reich der mit magischen Kräften begabten Eisriesen, im äußersten Osten am Rande der Welt. Der eiskalte Fluß Gjöll trennte es von Midgard.

In der Unterwelt dieses Reichs, die man Utgard nannte, hauste der unbesiegbare, blutdurstige Fenriswolf; hier lauerte die Schlange Jörmungandr auf eine Gelegenheit, die Erde zu zermalmen, nagte die böse Schlange Nidhöggr unaufhörlich an den Wurzeln des Lebensbaums Yggdrasil und zog die alte Eisriesin Jarnsaxa Sonnen- und Mondwölfe heran, die die beiden Himmelskörper verschlingen sollten, sobald sie erwachsen waren.

In diesem kahlen, kalten Reich, in das nie ein Sonnenstrahl eindrang, herrschte Utgarda-Loki, dessen Frau Angrboda (Unheilsbotin) den blutdurstigen Fenriswolf und andere dämonische Monster zur Welt gebracht hatte. Auch die abstoßend häßliche Göttin Hel gehörte zu ihren Nachkommen.

Die Bewohner von Jötunheim, die in der eiskalten Stagnation ihres Reichs gefangen waren, in dem Veränderungen selten waren, erfüllte die rege Geschäftigkeit, die in den anderen Welten herrschte, mit Neid und Aggressivität. In den Scharmützeln mit den Göttern zogen sie, da ihre Art des Denkens und Bewegens äußerst plump war, fortwährend den kürzeren. Vor allem Thor mußten sie als ihren Meister anerkennen.

Der Baum Yggdrasil

12 JERA - Jahr, Ernte, zyklische Veränderungen

Lautwert: j/y

Die Jera-Rune ist der ewig wiederkehrende, zyklische Aspekt der Naturerscheinungen, wie der Kreislauf der Jahreszeiten, Ebbe und Flut, Tag und Nacht etc. Wenn man sich zum Beispiel eine gute Ernte erhoffte, mußte man schon früh im Jahr Vorbereitungen treffen und mit Sorgfalt und Hingabe säen oder pflanzen. Die schwere Feldarbeit im Frühjahr wird, wenn alles planmäßig verläuft, im Herbst belohnt.

Diese Rune macht darauf aufmerksam, daß man beim Erledigen ständig wiederkehrender, langfristiger Projekte, bei denen nicht völlig sicher ist, ob alle Anstrengungen von Erfolg gekrönt sein werden, sorgfältig sein sollte. Trotz dieser unsteten Seite der Jera-Rune hat sie doch einen überwiegend positiven Einfluß.

Sowohl das norwegische wie das isländische Runenepos sagen hierzu:

(Eine gute Ernte) ist ertragreich für den Menschen
ein guter Sommer, ein reifer Acker,
wenn Frodhi (Freyr) wohlgesinnt ist.

Die Jera-Rune war dem von strahlendem Licht umgebenen Fruchbarkeitsgott Freyr geweiht, den man um milden Regen und gute Ernten anflehte.

Prophetische Bedeutung:

Jera ist die Rune des guten Resultats, der guten Ernte nach einem Jahr sorgfältiger Arbeit. Was der Mensch sät, das wird er ernten. Diese Rune symbolisiert außerdem die unabänderlichen zyklischen Bewegungen des persönlichen Lebens.

Wenn man diese Rune zieht, kann dies Beförderung nach einer Periode engagierter Anstrengungen bedeuten oder die Freude über eine lang ersehnte Schwangerschaft. Eine Warnung jedoch: Erzwingen Sie nichts, alles braucht seine Zeit.

Rune liegt richtig herum:

Freude, gute Resultate, Wohlstand, Erfüllung hochgespannter Erwartungen und langgehegter Pläne.

Rune liegt auf dem Kopf:

Plötzliche Enttäuschungen, fortwährende Veränderungen, veränderte Umstände, Unsicherheit, Nachlässigkeit.

Parallelen:

Tarot:	Große Arkana III - Die Herrscherin
Astrologie:	Sonne im Stier / Mond im 2. Haus
I Ging:	11. Hexagramm, *Tai* - Der Friede

FREYR oder FREY

Die Bewohner von Vanaheim waren Götter und Göttinnen der Fruchtbarkeit und des organischen Wachstums. Ihr Leben war von einem zyklischen Gang der Dinge geprägt, der eine harmonische, strukturierte Gesellschaft zur Folge hatte. Nichts schien das Gleichmaß jemals zu stören. Ewig wechselten die Jahreszeiten, die Tage und Nächte, Ebbe und Flut, Säen und Ernten und alle anderen zyklischen Muster - auch die persönlichen. Ruhiges Wachstum und Heranreifen waren kennzeichnend für diesen ausgeglichenen Bereich, in dem es keine Unsicherheiten gab. Überall herrschten Zufriedenheit und Wohlbehagen.

Isländische Quellen berichten von Rivalität und Kampf zwischen den Asen und Vanen. Als sie der Scharmützel jedoch müde waren, schlossen sie ein dauerhaftes Bündnis, und die Göttergeschlechter wechselten Geiseln aus: die Vanen den Meeres- und Sturmgott Njörd und seine zwei Kinder Freyr und Freyja und die Asen den schnellen, langfüßigen Hönir sowie den weisen Mimir, den Wächter der Quelle der Weisheit.

Während dieser nicht immer sanftmütigen Verhandlungen wurde Mimir heimtückisch enthauptet. Mimirs Kopf wurde den Asen geschickt, und Odin erweckte ihn bei Urds Quelle der Weisheit, die magische Runen enthielt, wieder zum Leben. Seitdem besprachen Odin und Mimirs Kopf die Ereignisse, die die Götter in der Zukunft zu erwarten hatten. Dennoch hießen die Asen Njörd, Freyja und Freyr in ihrer Mitte willkommen.

Obwohl Freyr ursprünglich eher ein phallisches Symbol war und kein Gott, personifizierten die norwegischen und isländischen Skalden ihn in ihren Gesängen derartig, daß er zahlreiche menschliche Züge bekam.

In Schweden wurde er als Fricco, in Norwegen und Island als Freyr verehrt. Wer Wohlstand, eine gute Ernte oder eine glückliche Fahrt erbitten wollte, bat sowohl um die Hilfe seines Vaters, des Meeres- und Sturmgottes Njörd, als auch um die des Freyr. Darum wurde ihnen bei Opfern in der Yulezeit grundsätzlich ein Trinkhorn süßen Mets geweiht, das zur Förderung eines friedlichen und fruchtbaren

Jahres beitragen sollte, und man legte Gelübde ab, die im nächsten Jahr erfüllt werden sollten.

Sein Palast Uppsaldir (die höchsten Himmelssäle) wurde, wie der Gott selbst, von Sonnenlicht umstrahlt. Er war bei den Göttern sehr beliebt. Als er noch klein war und nach dem Zahnwechsel goldene Zähne bekommen hatte, schenkten die Götter ihm Ljossälfsheim, das Land der Lichtelfen.

Sein Reittier war der vom Zwerg Sindri angefertigte goldene Eber Gullinbursti (Goldbürste), der sich ständig erneuerte und dessen goldene Borsten die dunkelsten Nächte erleuchteten, als ob es heller Tag war. In diesem Phänomen meinte man die Sonne zu erkennen, zumal der Gott ebenfalls von einem strahlenden Lichtglanz umgeben war.

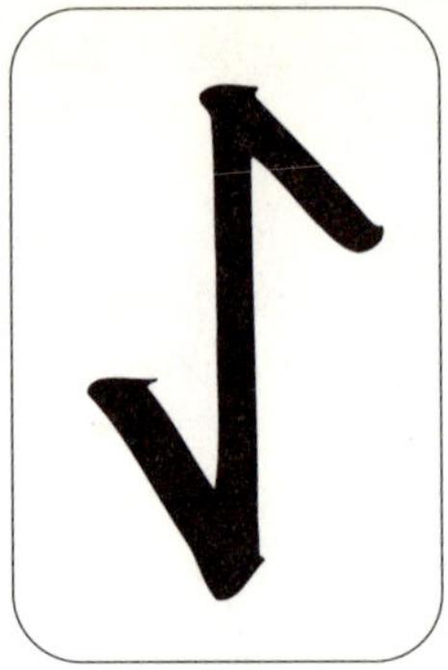

13. EIHWAZ - der Lebensbaum (Taxus), Ausdauer

Lautwert: e

Der Lebensbaum ist immergrün, ein Element der Natur, das sich während der langen, kalten Wintermonate kaum verändert. Der Baum ist somit ein hoffnungsvolles Symbol dafür, daß die Welt nicht völlig absterben wird und daß die nächsten Jahreszeiten kommen werden.

Das angelsächsische Runenepos verwendet wiederholt Allegorien, die die symbolische Bedeutung des Lebensbaums beschreiben: Es ist ein unbeugsamer Baum, etwa wie der Winter eine harte Jahreszeit ist. Sein stämmiges Aussehen symbolisierte gleichzeitig seine große Kraft. Aufgrund der Härte seines harzigen Holzes wurde er nicht nur "der Wächter des (inneren) Feuers" genannt, sondern galt auch als Sonne im Haus, die das Überleben in den strengen Wintern ermöglichte.

Das angelsächsische Runenepos sagt hierzu:

Der Taxus ist ein stämmiger Baum;
er ist mit kräftigen Wurzeln
fest verankert in der Erde.
Es ist eine Freude, mit seinen Zweigen
ein Feuer zu entzünden.

Prophetische Bedeutung:

Die Eihwaz-Rune symbolisiert die Synthese entgegengesetzter Tendenzen des Charakters, wie zum Beispiel das Vereinigen von Zornausbrüchen mit geistigen Erwägungen, von animalischen Impulsen mit Feingefühl, von Gewalttätigkeit mit Lethargie etc. Dies erzeugt nicht nur Kraft und Vitalität, sondern auch einen stärkeren Willen, größeres Selbstvertrauen, Ausdauer und Selbstbehauptung.

Diese Rune ist eine Art "Hüter auf der Schwelle", der, wie es sich für einen guten Helfer gehört, Schutz gewährt, wenn die Not am größten ist.

Rechnen Sie auf Konfrontationen mit Problemen aus der Vergangenheit, belasten Sie sich jedoch nicht mit Aufgaben, von denen sie nicht völlig überzeugt sind. Bleiben Sie sich selbst treu!

Die Eihwaz-Rune verweist auf Möglichkeiten, die sich ergeben, wenn man neue Wege einschlägt. Oft kündigt sie eine Zeit des Wartens an. Bleiben Sie standhaft, und halten sie den Blick auf die Zukunft gerichtet.

Rune liegt richtig herum:

Willenskraft, Selbstvertrauen, Zuverlässigkeit, stabiles Zuhause, Erbschaften verwalten, Immobilienhändler.

Rune liegt auf dem Kopf:

Wankelmut, Selbstmitleid, Bestechung, Wiederholung alter Probleme, Probleme halb lösen.

Parallelen:

Tarot:	Große Arkana XII - Der Gehängte
Astrologie:	Sonne im Skorpion/Mond im 2. Haus
I Ging:	16. Hexagramm, *Yü* - Die Begeisterung

YGGDRASIL

Yggdrasil, der Schutzbaum der Götter, sproß aus dem Boden hervor. Seine immergrünen Zweige reichten bis in den Himmel und überschatteten alle neun Welten. An seinem Fuße, bei der Quelle der Weisheit, spannen die drei Nornen, die Schicksalsgöttinnen Urdr, Verdandi und Skuld, ihre Fäden der Vergangenheit, des Jetzt und der Zukunft. Hier gossen sie den heiligen Baum - dessen fleischige Blätter ständig bedroht waren - nicht nur mit Wasser aus Urds Quelle der Weisheit, sondern wachten auch über das Los der Götter. Heimdalls Blashorn Giallar, mit dem er, wenn die Zeit reif war, Ragnarök ankündigen sollte, lag beschützt zwischen den Wurzeln des Yggdrasil.

Odins achtbeiniges Pferd Sleipnir und die Ziege Heidrun, die ununterbrochen den Göttertrank Met produzierte, fraßen seine Zweige, vier Hirsche fraßen seine Triebe an, und die böse Schlange Nidhöggr und zahllose Würmer nagten ständig an seinen Wurzeln. Doch konnte der Lebensbaum nicht verdorren, bevor Ragnarök - die letzte Weltschlacht - geschlagen war und das gesamte Leben, die Zeit und die Welten vergehen sollten.

Unterdessen sang der Adler, der auf einem Ast in der Baumkrone Wache hielt, ein hohes Lied der Schöpfung und des Zerfalls der Welt. Über dem Kopf des Adlers kreiste der weit- und scharfblickende Habicht Vedrfölnir, der den Asen alles berichtete, was in der Welt geschah. Das Eichhörnchen Ratatoskr hörte sich die Berichte des Habichts an, rannte vom Wipfel schnell den Stamm entlang zu den Wurzeln des mächtigen Baumes und überbrachte Nidhöggr die neuesten Nachrichten. Danach rannte es zurück zu seinem Posten im Wipfel, wo es über das, was es gehört hatte, nachdachte.

Eine der kräftigen Wurzeln Yggdrasils reichte bis Niflheim, ins Schattenreich der Geisterwelt, die anderen zwei Wurzeln sprossen in Jötunheim, dem Gebiet der Eisriesen, und in Midgard, dem Wohnort der Menschen. Sein mächtiger Wipfel trug den Himmel, und die Sterne hingen wie goldene Äpfel in seiner Krone. Die Göttin Idun sammelte diese Äpfel der ewigen Jugend jeden Tag und bot sie den Göttern an. Honig des Wohlbehagens tropfte von seinen Ästen und füllte die Flüsse, so erzählen uns die Mythen.

Analog zum menschlichen Körper - der in der Wirbelsäule den Kraftkanal trägt, von dem aus die großen Nerven wie Äste zu den Organen laufen, um ihnen Vitalität zuzuführen - stellten sich die nordischen Völker in ihrer Kosmologie einen universellen Lebensbaum vor, der alle neun Welten, die miteinander verbunden waren, umfaßte.
Diese neun Welten, die sich unter seinem Blattwerk verbargen, waren: Asgard, Ljossälfsheim, Midgard, Svartälfsheim, Helheim, Vanaheim, Jotunheim, Muspellsheim und Niflheim.

Neun Vaterländer kenne ich,
und neun mächtige Äste,
wachsen an dem stämmigen Baum,
der im tiefen Abgrund wurzelt...

... so erzählte Saga, die Prophetin, die die Schöpfung, die Heldentaten der Götter und den Zerfall der Welt besang. Sie schilderte die neun Welten, als ob sie an den Zweigen des Lebensbaums wuchsen. Sie wurden jedoch nirgendwo im einzelnen beschrieben, sie können nur aufgrund einiger allgemeiner Kennzeichen unterschieden werden.

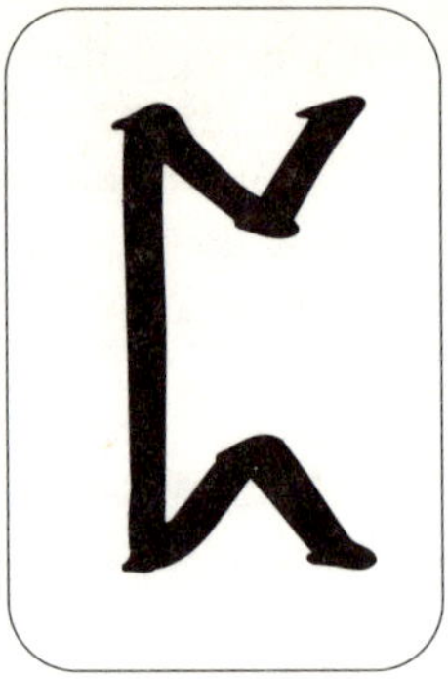

14. PERTH - Geheimnisse, Leichtherzigkeit

Lautwert: p

Perth, die fröhlichste aller Runen, eine Quelle von Freude und Vergnügen, kann sorgloses Scherzen bedeuten. Man sollte sich jedoch nicht allzu begeistert verplappern oder etwa Geheimnisse ausplaudern, bevor nicht auch die verborgenen Tendenzen erforscht oder erfühlt sind. Erst wenn man innerlich sicher ist, ob Dinge ernst genommen werden müssen oder nicht, kann man viele Klippen mit Humor und Takt umschiffen.

Im körperlichen Bereich kann diese Rune zu Gefräßigkeit, Trunkenheit und übermäßiger Lüsternheit führen.

Das angelsächsische Runenepos sagt hierzu:

Perth bringt Spiel und Fröhlichkeit
unter die Beherzten,
wenn die Krieger vergnügt
zusammen im Bierhaus sitzen.

Prophetische Bedeutung:

Diese Rune verkörpert mehr als alle anderen Überschwenglichkeit und Freude. Wenn beim Wahrsagen zuviel Nachdruck auf Perth liegt, kann dies jedoch zu Zügellosigkeit in jeder Hinsicht führen. Wie Wein beispielsweise anregend ist, wenn er mäßig getrunken wird, kann er bei übermäßigem Trinken lähmend wirken.

Obwohl Menschen, die viele Perth-Eigenschaften haben, lebenslustige Kumpanen sind, kann man nicht immer auf sie bauen. Lassen Sie sich in aller sorglosen Entspanntheit nicht von schönen Worten und guten Vorschlägen überrumpeln. Behalten Sie Geheimnisse und andere Heimlichkeiten für sich, und gehen Sie kein Risiko ein.

Rune liegt richtig herum:

Humor, Leichtherzigkeit, unerwartete Vergünstigungen, ein anonymes Geschenk, verborgene Möglichkeiten.

Rune liegt auf dem Kopf:

Ausschweifungen, Verschwendung, Prahlerei, Verführung, Trunkenheit, Gefräßigkeit, verborgene Triebfedern.

Parallelen:

Tarot:	Große Arkana X - Fas Rad des Lebens
Astrologie:	Merkur im Löwen/Saturn im 7. Haus
I Ging:	48. Hexagramm, *Dsing* - Der Brunnen

VIDARR

Aus dem Verhältnis des Odin mit der schönen Riesin Grid ging Vidarr hervor, ein Sohn, der ebenso stark wie schweigsam war. Er galt als Personifikation der ewigen Naturkräfte und wohnte in Landvidi, einem Palast, der mitten im undurchdringlichen Urwald versteckt lag, wo tiefe Stille herrschte.

Abbildungen zeigen Vidarr in Rüstung, schlank, gut gebaut und beschuht mit einem sehr großen eisernen Schuh. Diese sonderbare Fußbekleidung hatte er dem magischen, vorausschauenden Blick seiner Mutter Grid zu verdanken - sie wußte, daß Vidarr beim Weltuntergang gegen den unbesiegbaren Fenriswolf kämpfen mußte, um den Tod seines Vaters zu rächen - darum hatte sie ihm einen eisernen Schuh als Schutz für den Kampf mit dem blutdürstigen Ungeheuer mitgegeben. Der Schuh war so groß und fest, daß er den scharfen Zähnen des Fenriswolfes widerstehen konnte.

Als Vidarr eines Tages auf einer fröhlichen, ungezwungenen Zusammenkunft der Götter erschien, wurde er freundlich begrüßt, da sie wußten, daß seine außerordentliche Kraft ihnen in Notzeiten gut zustatten kommen würde. Nachdem sie ihn mit einem Trinkhorn funkelnden Mets bewirtet hatten, bat Odin seinen Sohn, ihm zu Urds Quelle der Weisheit zu folgen, wo die Nornen wie gewöhnlich mit dem Spinnen ihrer Fäden beschäftigt waren.

Nachdem Odin sie nach seiner und Vidarrs Zukunft gefragt hatte, sprachen die drei Orakel jeweils einen Satz:

Jung begonnen.
Weiter gesponnen.
Getan, was ersonnen.
Und zusammen: Mit Freude gewonnen.

Sie sprachen in rätselhaften Andeutungen. Doch sie fügten ihren Sätzen Erklärungen hinzu: Die Zeit vergeht, alles verändert sich; falls Odin in der letzten Weltschlacht fiele, würde sein Sohn ihn rächen. Nach dem Sieg über seine Feinde würde Vidarr eine wiedergeborene Welt regieren.

Während die Nornen sprachen, fuhr ein Zittern durch die Blätter des Lebensbaums, als ob ein kalter Wind sie bewegte. Der Adler auf den höchsten Zweigen schlug nervös mit seinen Flügeln, sogar die Schlange Nidhöggr unterbrach einen Moment ihr Nagen an den Wurzeln des Baums.

Vidarr sagte kein Wort und kehrte grübelnd in die Einsamkeit seines Palastes zurück. Als er endlich auf seinem Thron saß, dachte er tief und lange Zeit über die Ewigkeit, die Zukunft und die Unendlichkeit nach.

Was die Nornen vorausgesagt hatten, geschah. Nachdem der Fenriswolf in der Schlacht Ragnarök (Götterdämmerung) Odin nach einem schrecklichen Kampf besiegt hatte, wendete sich seine Wut gegen Odins Sohn. Vidarr setzte seinen eisernen Schuh jedoch auf den Unterkiefer des Ungeheuers, ergriff seinen Oberkiefer und riß das Untier mühelos in zwei Stücke.

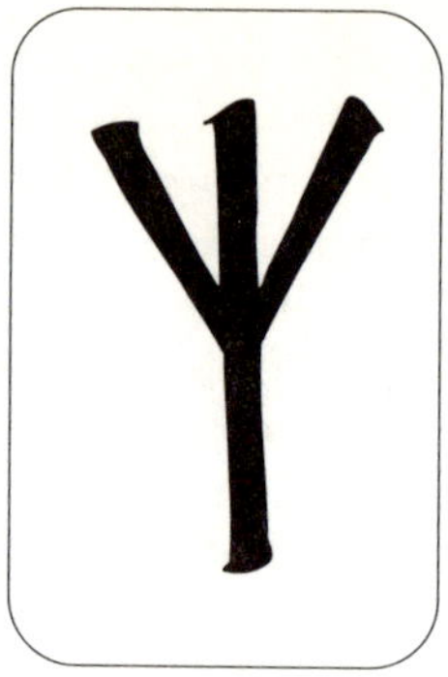

15. ALGIZ - Bogen, Verteidigung, Schutz

Lautwert: z

Diese Rune kündigt eine Situation an, in der sowohl Verteidigung als auch Schutz gewährt wird. Wenn beim Runenlegen der Schwerpunkt auf Algiz liegt, ist dies eine Warnung, ungefähr in dem Sinne: "Mach, daß du wegkommst, sonst hetze ich den Hund auf dich!" Algiz wirkt wie ein Schutzschild, das derjenige vor sich aufbaut, der beim Legen die Rune geworfen hat.

Der Einfluß dieser Rune ist auf allen Ebenen spürbar: sowohl im physischen, im gefühlsmäßigen als auch im geistigen Bereich. Überdies schützt sie gegen Angriffe von Menschen, Tieren oder Geistern. In gefährlichen Situationen kann sie auch zum Schutz anderer verwendet werden.

Das angelsächsische Runenepos sagt hierzu:

> *(Segge) fühlt sich wohl*
> *im Sumpf, sie wächst im Wasser;*
> *mit ihren scharfen, zähen Stengeln*
> *kann sie jeden der sie pflücken will,*
> *verwunden, bis das Blut fließt...*

Prophetische Bedeutung:

Diese Rune bedeutet: "Keinen Schritt weiter oder ich schieße." Der Fragesteller wird immer wieder erleben, daß man ihn mit verführerischen Vorschlägen von seinem selbstgewählten Weg abzubringen versucht. Er wird sie jedoch allesamt in den Wind schlagen, denn wenn beim Wahrsagen der Schwerpunkt auf dieser Rune liegt, bedeutet dies, daß der Fragesteller ein gutes Gespür für drohende Gefahr hat. Er besitzt eigentlich ein spezielles Sinnesorgan, das solchen Vorschlägen Einhalt gebietet und sie abwendet. Wer diese Rune zieht, kann auf die Unterstützung eines starken Schutzengels rechnen.

Rune liegt richtig herum:

Verteidiger, Beschützer, Wächter, Vormund, Führer, Beseitiger schädlicher Einflüsse, neue Freundschaften.

Rune liegt auf dem Kopf:

Drohungen, Tabus, Gefahr, abstoßend, Deserteur, Feigling, Speichellecker, Verführer.

Parallelen:

Tarot:	Große Arkana XVIII - Der Mond
Astrologie:	Mond im Krebs / Sonne im 8. Haus
I Ging:	29. Hexagramm, *Kan* - Das Abgründige, das Wasser

HEIMDALL

Heimdall war ein Lichtgott, dem neun Riesinnen, die am Ende der Welt lebten, das Leben schenkten. Dafür hatte Odin gesorgt. Denn eines Tages, als er den Strand entlang lief, sah er neun bildschöne Riesinnen (die Wellenmädchen, Töchter des Meeresgottes Ägir und seiner dämonischen Frau Ran) im Tiefschlaf im weißen Sand liegen. Die Edda berichtet, daß er vom Anblick dieser schönen Wesen so bezaubert war, daß er sie alle neun schwängerte.

In einer gemeinsamen Geburt brachten die neun Mütter einen Sohn zur Welt, dem sie den Namen Heimdall (Weltglanz) gaben. Sie fütterten ihn mit Meereswasser, Sonnenwärme und Erdkraft. Diese merkwürdige Diät schien so stärkend zu sein, daß der junge Gott in erstaunlichem Tempo heranwuchs und zu seinem Vater in Asgard eilte.

Heimdall war ein hilfreicher Gott und hatte, was seinen Charakter anbelangt, viel mit den Göttern Baldr und Freyr gemein. Als er in Asgard ankam, stellten ihn die Götter als Wächter von Bifröst an, der Regenbogenbrücke aus Feuer, Erde und Wasser, die sie soeben vollendet hatten und voller Stolz bewunderten.

Heimdall, dessen Palast in Himinbjörg (Halle des Himmels) stand, war ein kräftiger junger Gott, der mit seiner weißen Rüstung und seinem strahlenden Lachen - er hatte funkelnde goldene Zähne - sehr anziehend aussah. Er brauchte weniger Schlaf als ein Vogel, konnte im Dunkeln kilometerweit sehen und meilenweit in der Umgebung das Gras sowie das Fell der Schafe wachsen hören.

Zu den Attributen Heimdalls gehörte Giallar, ein Zink oder Blashorn, das in den entlegensten Winkeln des Universum erschallte, wenn er es blies. Es lag zwischen den Wurzeln des Yggdrasil versteckt und wartete auf den Tag, an dem er Alarm blasen sollte, sobald Ragnarök ausbrach, die letzte Schlacht zwischen den Göttern und den Riesen, die außer der Götterdämmerung auch den Weltuntergang zur Folge hatte.

Heimdalls Erzfeind war der betrügerische Loki, der sich fortwährend über die Hilfsbereitschaft des geduldigen Gottes lustig machte. In der letzten Weltschlacht sollte Heimdall den heuchlerischen Gott besiegen, jedoch in diesem Kampf selbst zu Fall kommen.

Heimdall symbolisierte die charakteristischen Tugenden der Geduld, Toleranz, Wachsamkeit und Schweigsamkeit, ohne die kein Königreich, himmlisch oder irdisch, lange bestehen könnte.

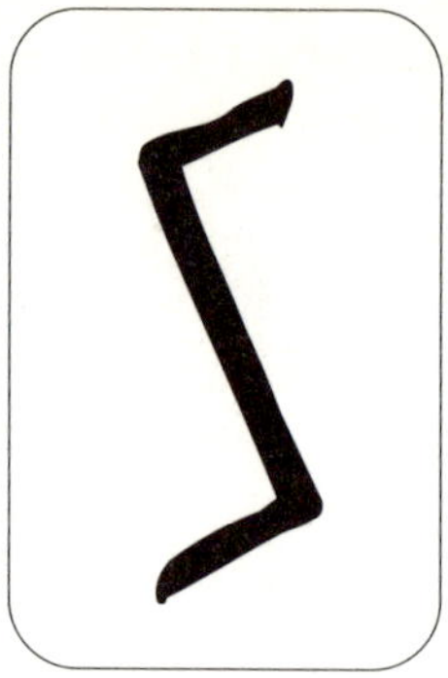

16. SOWILD - Sonne, Lebenskraft, Kern, Herzchakra

Lautwert: s

Diese Rune symbolisiert die Strahlen, die die Sonne zur Erde sendet - es ist eine dynamische, bewegliche, aktive Kraft. Sowild ist ein Symbol des Sonnenrades. Die Form erinnert an einen Blitzstrahl, und wie der Blitz kann auch diese Rune plötzlich zuschlagen, um mit überalterten Formen aufzuräumen; sie weist jedoch gleichzeitig auf neue Werte hin. Karte XVI der großen Arkana (der Turm des Tarotspiels) zeigt, daß Blitze sogar mächtige Steintürme vernichten können.

Sowild führt den Fragesteller im Grunde zum Ziel, zu dem er von Natur aus schon unterwegs ist. Sowild winkt aus der Ferne wie eine leuchtende Boje und schenkt Suchern Mut und Selbstvertrauen.

Das isländische Runenepos sagt zu dieser Sonnenrune:

> *Die Sonne ist das Schild der Wolken;*
> *mit ihrem warmen, strahlenden Glanz*
> *ist sie die Vernichterin des Eises.*

Prophetische Bedeutung:

Wenn die Sonnenrune beim Legen erscheint, bedeutet dies größere Vitalität oder eine nicht zu bremsende Unternehmungslust des Fragestellers. Dies ist eine Rune des Aufblühens. Sie regt uns an, mit vollem Einsatz und unter Benutzung unserer sämtlichen Gaben zu handeln, auch wenn diese uns als unvereinbar erscheinen. Darum ist eine Warnung vor Übermut und Erschöpfung der körperlichen Reserven angebracht.

Im Gegensatz zur verteidigenden Kraft des Algiz (Rune 15) ist die Sonnenkraft des Sowild aggressiv. Versuche, diese Energie zu mißbrauchen, werden in Finsternis und Verzweiflung enden.

Rune liegt richtig herum:

Unternehmungslustig, ausgeglichen, Willenskraft, motiviert, zielstrebig, schnelle Reaktion, warmherzig.

Rune liegt auf dem Kopf:

Überreizt, rachsüchtig, destruktiv, neidisch.

Parallelen:

Tarot:	Große Arkana XIX - Die Sonne
Astrologie:	Sonne im Löwen/Mond im 5. Haus
I Ging:	64. Hexagramm, *We Dsi* - Vor der Vollendung

SOL/SUNNA

Um die soeben erschaffene Welt zu erleuchten, befestigten Odin, Vili und Vé glitzernde Funken aus dem Feuerland Muspellsheim am Himmel. Die kleineren Funken waren die Sterne, die hellsten waren die Sonne und der Mond, die die Götter in schöne goldene Triumphwagen legten. Die Pferde Arvakr (Frühauf) und Alsvidr (Schnelläufer) wurden vor den Sonnenwagen gespannt, und das Schild Svalin (Kühler) schützte sie vor den direkten Sonnenstrahlen. Der Mondwagen bekam ebenfalls ein schnelles Pferd, Alsvin (Allstark); gegen die milden Strahlen des Mondes war kein schützendes Schild nötig. Aber wer sollte die Pferde lenken und ihnen den richtigen Weg zeigen?

Die Götter wählten zwei anmutige Sprößlinge des Riesen Mundilfari, der sehr stolz auf seine Kinder war und sie nach den zwei Himmelskörpern genannt hatte. Sol, die Sonnenjungfrau, und ihr Bruder Glaur (Glut) erfüllten täglich die ihnen auferlegte Pflicht und lenkten ihre Rosse zu den vorbestimmten Zeiten über den Himmel.

Daraufhin riefen die Götter Nott (Nacht), eine Tochter des Riesen Norvi, und vertrauten ihr den dunklen Triumphwagen an, den das schwarze Pferd Hrimfraxi (Frostmähne) zog, aus dessen wallender Mähne Tau und Reif auf die Erde fielen.

Die Göttin der Nacht war dreimal verheiratet. Aus der Ehe mit ihrem ersten Mann Nagilfari ging ein Sohn namens Aud hervor, aus der Ehe mit ihrem zweiten Mann die Tochter Jörd, und zusammen mit ihrem dritten Mann, dem Gott Dellinger (Morgengrauen), bekam sie einen strahlenden, schönen Sohn, den sie Dag nannten.

Als die Götter dieses prächtige Wesen sahen, rüsteten sie auch für ihn einen Triumphwagen aus, den der glänzende Schimmel Skinfraxi (Funkelmähne) zog, aus dessen Mähne Lichtstrahlen traten, die jedem Glanz, Glut und Freude schenkten.

Da das Böse dem Guten jedoch auf den Fersen folgt, in der Hoffnung, es zu vernichten, stellten sich die alten Bewohner der nordischen Länder vor, daß beide Himmelskörper, sowohl die Sonne als auch der Mond, ständig von den wilden Wölfen Sköll (Widerstand) und Hati (Haß) verfolgt wurden, die nur ein Ziel hatten: Sie wollten die Triumphwagen der strahlenden Wesen einholen und verschlingen, damit sich die Welt wieder in ihre ursprüngliche Finsternis hüllte.

17. TIWAZ - standhaft und mutig, der Polarstern

Lautwert: t

Diese Rune symbolisiert ein zusammenhängendes Prinzip: Ordnung und Regeln, Gerechtigkeit und Selbstaufopferung zugunsten einer strukturierten Gesellschaft. Tiwaz ist eine Rune der Konfrontation und des Konfliktes in Situationen, in denen man Mut braucht. Auch das Bekämpfen von Gesetzesübertretungen sowie Gerichtsverfahren gehören zu ihrem Bereich. Wenn Tiwaz Einfluß hat, kann man auf ein gerechtes Urteil bauen, das auf genauer Untersuchung der Tatsachen beruht.

Der Weg zum Erfolg kann Opfer fordern, wenn jedoch sachverständig, voller Vertrauen, loyal, analytisch und methodisch gehandelt wird, werden die günstigen Resultate nicht lange auf sich warten lassen.

Das angelsächsische Runenepos sagt hierzu:

(Tiwaz) ist ein Stern,
der seinen Kurs nie verläßt
im Nebel der Nacht,
niemals schwächer wird ...
eine Leuchtboje für den Suchenden.

Prophetische Bedeutung:

Tiwaz spornt dazu an, eine kämpferische Haltung anzunehmen, was soziale Gerechtigkeit, Hilfeleistung, Gesetze, Verträge, Ordnung und Regeln anbelangt. Mit energischer Handlungsweise und Beharrlichkeit können in diesem Bereich Siege errungen werden, wodurch sich der Fragesteller zu einem leidenschaftlichen Kämpfer für die Interessen der Armen entwickelt.

Falls er die Ergebnisse seiner Bemühungen jedoch zu seinem eigenen Nutzen anwenden sollte, können Rechtsverfahren, zerbrochene Beziehungen, längere Perioden der Einsamkeit und sogar Handgemenge die Folge sein.

Rune liegt richtig herum:

Leitung, Schutz, Orientierungshilfe, Ratgeber und Helfer in schwierigen Lagen, entschlossen.

Rune liegt auf dem Kopf:

Falsche Zielsetzung, schlechter Rat, Scheinerfolg, gutgläubig, sentimental.

Parallelen:

Tarot:	Große Arkana XI - Die Gerechtigkeit
Astrologie:	Sonne in der Waage/Mond im 1. Haus
I Ging:	21. Hexagramm, *Schi Ho* - Das Durchbeißen

TYR, TIW, ZIU oder TIWAZ

Tyr war ursprünglich der Gott der Wahrheit. Er führte die Aufsicht über die Rechtsprechung und achtete darauf, daß Verträge und Versprechen gehalten wurden. Bei manchen nordischen Stämmen hieß er Ziu, bei den Angelsachsen Tiw und bei den Germanen Tyr.

Friesische Soldaten, die beim römischen Militär dienten, verehrten ihn unter dem Namen "Things". Bei ihnen war er der Gott der Volksvertretung und der Rechtsprechung. Das dänisch-norwegische *Thing oder Ting* und das niederländische Geding bedeuten auch heute noch Rechtsprechung oder Gerichtsverhandlung.

In Nordwestdeutschland wurden Gerichtsverhandlungen in Tyrs Namen in einem heiligen Wald abgehalten, in dem ihm mit viel Aufwand und Ehrfurcht Opfer dargebracht wurden. Kein Angeklagter durfte diesen Wald ohne Fesseln betreten; wer stürzte, durfte nicht aufstehen, sondern mußte über den Boden kriechen, bis er die Lanze des Tyr erreichte, die beim Eingang des Tribunals im Boden steckte. Diese Lanze war das Symbol der Aufrichtigkeit des Gerichts. In Tyrs Namen eröffnete ein Kreis der Stammesältesten die Sitzungen des "Things", sie wachten darüber, daß Recht geschah. Tyr hatte nicht nur einen guten Ruf wegen seiner Gerechtigkeit, auch Aufrichtigkeit und mutiges Handeln wurden ihm zugeschrieben. Sein Name wurde auch bei Streitigkeiten auf Leben und Tod angerufen.

Eine für den Charakter des Tyr kennzeichnende Geschichte ist die folgende: Eines Tages beschlossen die Götter, das blutdürstige, aasfressende Ungeheuer Fenrir (Fenriswolf), das sich im Totenreich Utgard im fernen Osten aufhielt, zu fesseln und anzupflocken.

Zu diesem Zweck hatten sie den Zwergen den Auftrag gegeben, ein Seil anzufertigen, das kein Lebewesen jemals lösen oder zerreißen konnte. Die Zwerge stellten ein solches Seil aus dem Schnurren einer Katze, dem Bart einer Frau, den Wurzeln eines Berges, den Sehnen eines Bärs, dem Atem eines Fisches und dem Speichel eines Vogels her. Anschließend versuchten die Götter, Fenrir zu überreden, dieses Seil mit seiner enormen Kraft auf Unzerreißbarkeit zu erproben.
Das bärenstarke, zähnefletschende Biest witterte hinter diesem Vorschlag eine Falle und wollte nur unter der Bedingung darauf eingehen, daß einer der Götter seine Hand in sein aufgesperrtes Maul

steckte. Da die Götter davon überzeugt waren, daß der Wolf in wahnsinnige Wut geraten würde, sobald sich herausstellte, daß man ihm einen Streich gespielt und ihn mit einem unzerreißbaren Seil gefesselt hatte, bot keiner von ihnen seine Hand freiwillig an. Schließlich trat Tyr hervor und legte seine rechte Hand ruhig in das Maul des Ungeheuers. Als Fenrir bemerkte, daß er seine Fesseln auch mit der größten Gewalt nicht zerreißen konnte und hörte, daß die Götter ihn auslachten, biß er Tyrs Hand am Handgelenk ab. Seitdem wurde Tyr "der Einhändige" genannt.

Wenn Vereinbarungen oder Verabredungen konsequent eingehalten werden sollten, war er der Gott, der angerufen wurde. Er spielte darum eine wichtige Rolle in der fortschreitenden Struktur der damaligen Gesellschaft. Dem Kreis der gesetzgebenden Stammesältesten, dem "Thing", war der Dienstag geweiht.

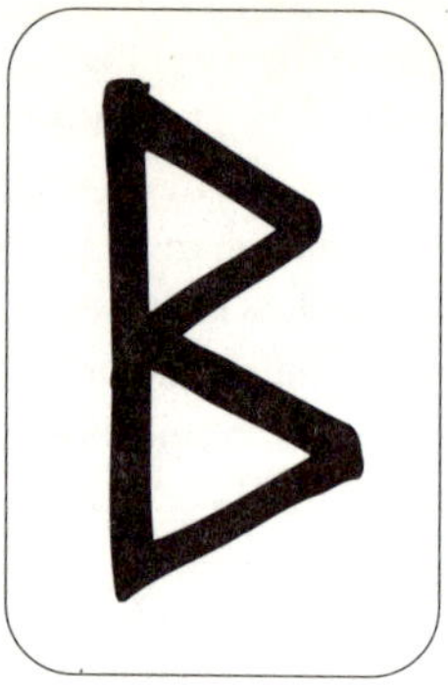

18. BERKANA - Wachstum, Schwangerschaft, Geborgenheit, die Birke

Lautwert: b

Dies ist vor allem eine weibliche Rune, deren mütterlicher Einfluß der Göttin Berchta - einer der Erscheinungsformen der Frigg, Odins schweigsamer Frau - zugeschrieben wurde. Berchta war die Schirmherrin der Mütter und Kinder, sie selbst hatte jedoch keine Nachkommenschaft. Ihr Wohnsitz lag in der Unterwelt, wo sie prächtige Gärten hegte und mit liebevoller Hingabe für die Seelen jung gestorbener Kinder sorgte.

Sowohl Berchta oder Frigg als auch die Berkana-Rune können sich manchmal in geheimnisvolles und vielverheißendes Schweigen hüllen.

Das angelsächsische Runenepos sagt hierzu:

Die Birke trägt keine Früchte;
an ihren Zweigen wächst kein fruchtbarer Samen,
dennoch wachsen an ihren saftigen Zweigen
zahllose zarte Blätter
bis hoch in ihre Krone,
die zum Himmel strebt.

Prophetische Bedeutung:

Berkana, die Rune weiblicher Energie und Fruchtbarkeit, kann eine Geburt oder eine Heirat ankündigen, sie kann jedoch auch das Entstehen einer neuen Denkungsart oder den Anfang einer Unternehmung bedeuten oder das Verschmelzen von zwei Gedankenwelten zu einem gemeinsamen Ziel.

Diese lebensspendende Kraft rät vor allem dem spirituell Suchenden, Erotik nicht aus seinem Leben zu verbannen, da der Weg zu geistiger Erleuchtung nicht unbedingt asketisch zu sein braucht.

Das heimliche Zusteuern auf die Ausführung langgehegter Pläne verhütet Unausgeglichenheit.

Rune liegt richtig herum:

Werden, Wachstumsprozeß, Heimlichkeit, Geburt, Zuhause, Schutz, Liebe.

Rune liegt auf dem Kopf:

Provozieren unkontrollierbarer Leidenschaften, Wollust, unerwiderte Begierde, Sterilität, Stagnation.

Parallelen:

Tarot:	Große Arkana III - Die Herrscherin
Astrologie:	Sonne in der Jungfrau/Mond im 12. Haus
I Ging:	48. Hexagramm, *Dsing* - Der Brunnen

FRIGG, BERCHTA, FRAU HOLLE

Frigg, Fricka oder Freyja war laut manchen Mythologen eine Tochter der Jörd und des Odin, den sie später heiratete. Sie war die Göttin der Wolken, Königin der Götter und Schirmherrin der Ehe. Frigg war eine schlanke, würdevolle Frau, die sich, ihrer veränderlichen Art entsprechend, entweder in lange weiße oder dunkle Gewänder hüllte. Um ihre schlanke Taille trug sie einen breiten silbernen Gürtel, an dem ein zierlicher Schlüsselbund hing. Frigg wußte, was die Zukunft bringen würde, ihre Visionen teilte sie anderen jedoch niemals mit.

Obwohl sie oft mit ihrem Gemahl auftrat, verweilte Frigg vorzugsweise in ihrem eigenen Palast Fensalir (Moorsäle), wo sie auf ihrem Spinnrad eifrig goldene Fäden spann oder lange Netze farbiger Wolken webte. Ihr Spinnrad war mit Juwelen eingelegt, die nachts am Himmel funkelten wie ein Sternbild. Im Norden war dieses Sternbild als das Spinnrad der Frigg bekannt, die Bewohner des Südens hingegen nannten dieses Funkeln den Gürtel des Orion.

Die anmutige Göttin lud die Geister der Ehepaare ein, die auf der Erde eine gute Ehe geführt hatten, in ihrem in Mondlicht gehüllten Palast Fensalir zu verweilen, damit sie auch nach ihrem Tod einander Gesellschaft leisten konnten und nie mehr voneinander getrennt zu sein brauchten. Frigg galt darum auch als Göttin der Ehe und Mutterliebe.

In ihrer Erscheinungsform Berchta (die weiße Frau) nahm sie die Seelen der ungeborenen und jung gestorbenen Kinder liebevoll in ihre Obhut. Sie beschützte den Ackerbau und das Wachstum der Pflanzenwelt, die sie mit einer Schar Kinder und Waldnymphen gewissenhaft hegte. Die Nymphen konnte man an den Spitzen der Kuhschwänze erkennen, die unter ihren schneeweißen Gewändern hervorragten. Solange die Göttin mit Ehrfurcht angebetet wurde, blieb sie am Ort ihrer Verehrung. Die Überlieferungen erzählen jedoch, daß sie einst mit ihrem Pflug, ihrer Egge und ihrer Helferschar das Land verließ, um ihre helfende Arbeit anderswo fortzusetzen.

Da Berchta als Spinnerin genauso bekannt war wie Frigg, galt sie als die Schirmherrin dieses Frauenhandwerks. Man sagte, daß sie in den zwölf Nächten vor und nach der Wintersonnenwende umherreiste, um die Qualität der von den Frauen gesponnenen Fäden zu kontrollieren. Den Mädchen, die sorgfältig gearbeitet hatten, schenkte sie einen Goldfaden, den sie selber gesponnen hatte.

In manchen Gegenden, wo diese Göttin als Frau Holle bekannt war, glaubte man, daß sie den Menschen den Flachs gebracht und sie gelehrt hatte, ihn zu verwenden. Ihre Erscheinung wurde als Vorbote reicher Gaben und großen Glücks gedeutet.

Man glaubte auch, daß sie nachts, wenn die Schneestürme in den Wäldern heulten, mit Odin und seinem Geisterheer auf einem weißen Pferd durch die Lüfte jagte. Ihre Gesellen bei dieser wilden Jagd waren Seelenwesen in Hunde- und Katzengestalt.

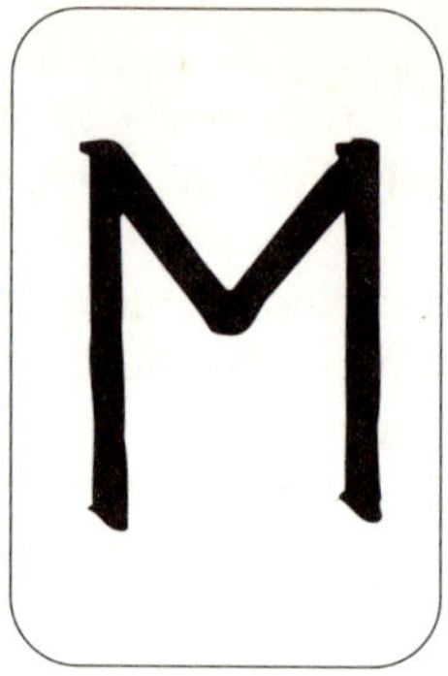

19. EHWAZ - Pferd, Bewegung, Fortschritt

Lautwert: e

Das Pferd galt aufgrund des erweiterten physischen Potentials, das es seinem Reiter verlieh, als heiliges Tier. In der Reihenfolge des Futhark bekommt Ehwaz in dieser letzten Gruppe, den acht Runen der Transformation, eine tiefere Bedeutung. Das "Pferd" symbolisiert das Fahrzeug, das jemanden in eine ihm unbekannte Welt bringt und ihn dort unterstützt. Körper und Geist müssen trainiert und gepflegt werden, damit ihre Leistung später optimal ist.

Im angelsächsischen Runenepos heißt es, daß ein gutes Pferd seinen Besitzer zum Prinzen macht:

(Das Pferd) bereitet Edlen und Prinzen Freude;
ein Kampfroß, das stolz auf seinen Hufen steht,
motiviert Helden und Edelleute zum Dialog;
ein gutes Roß schenkt den Ruhelosen Mut.

Prophetische Bedeutung:

Diese Rune empfiehlt, daß man auf der Grundlage erworbener Sicherheiten eifrig und voll Vertrauen an der Zukunft arbeiten sollte. Bleiben Sie in Bewegung; Stillstand bedeutet Rückschritt. Passen Sie sich Umständen, die sich verändern, so gut wie möglich an, suchen Sie Partner mit ähnlichen Denkansätzen. Wie ein Reiter mit seinem Pferd eine Einheit bildet, müssen Sie alle Hindernisse, die dem Wachstum Ihrer Unternehmungen im Wege sind, gemeinsam überwinden. Passen Sie auf, daß Sie sich nicht vor jemandes Karren spannen lassen und die Rolle eines Lastträgers spielen müssen.

Rune liegt richtig herum:

Loyalität, Vertrauen, Partnerschaft, Umzug, Stellenwechsel oder neuer Partner, rascher Fortschritt.

Rune liegt auf dem Kopf:

Unruhe, Hindernisse, leichtsinnige Eile, Transportprobleme, undurchdachte Teilnahme an zweifelhaften Unternehmungen.

Parallelen:

Tarot:	Große Arkana I - Der Magier
Astrologie:	Sonne im Zwilling/Mond im 9. Haus
I Ging:	31. Hexagramm, *Hien* - Die Einwirkung

SVADILFARI und SLEIPNIR

Svadilfari hieß das Pferd des unbekannten Baumeisters, der in drei Wintern eine Mauer um Asgard bauen wollte und Freyja, die Sonne und den Mond als Lohn verlangte. Die Asen stimmten dem auf Anraten Lokis zu, jedoch nur unter der Bedingung, daß er die Arbeit schon in einem Winter erledigen sollte. Der Baumeister war damit einverstanden, vorausgesetzt, daß ihm sein Pferd bei der Ausführung des Auftrags helfen durfte. Die Vereinbarung wurde schließlich unter Eid getroffen.

Am ersten Tag des Winters begann er mit der Arbeit. Die Asen stellten fest, daß das Pferd unglaubliche Mengen Felsen und Steine pfeilschnell zu jenen Stellen schleppte, an denen sein Besitzer sie nötig hatte. Die Mauer wuchs schnell, sie war stark und solide wie ein Eisberg und glatt und schimmernd wie polierter Stahl. Gegen Ende des Winters war sie fast fertig. Nur das Tor mußte noch errichtet werden, doch diese Aufgabe würde der Baumeister in den drei Tagen, die ihm noch blieben, mühelos schaffen.

Besorgt versammelten sich die Asen, denn wenn der Baumeister als Lohn für seine Arbeit sowohl Freyja als auch die Sonne und den Mond mitnehmen würde, würden nicht nur alle Schönheit und Anmut Asgard verlassen, sondern die Welt würde auch für immer in Finsternis gehüllt sein.
Sie suchten verzweifelt nach einem Ausweg, konnten jedoch keine Lösung ersinnen, und sie machten sich Gedanken darüber, wie sie in diese Schwierigkeiten geraten waren. Sie wußten alle, wer der Anstifter des Bösen war, nämlich niemand anders als der tückische und heuchlerische Loki, und sie beschworen ihn unter den schrecklichsten Drohungen, die Vereinbarung mit dem Baumeister rückgängig zu machen. Loki versprach auf Ehrenwort, daß er es dem Baumeister unmöglich machen würde, die Mauer rechtzeitig zu vollenden, so daß sie ihm seinen Lohn verweigern konnten.

Sogleich verwandelte sich Loki in eine Stute. Am nächsten Tag, als der Baumeister und sein Pferd Svadilfari in den Bergen Steine und Holz für die Mauer holen wollten, galoppierte eine verführerisch wiehernde Stute auf sie zu. Svadilfari rannte ihr sofort entgegen, zerriß seine Zügel, trat die Karre entzwei und stürmte der wegrennenden Stute nach. Er folgte ihr über Felder, Berge und Täler, der Baumeister rannte ihnen keuchend hinterher. Die Verfolgung dauerte den ganzen Tag und die ganze Nacht, und als der Baumeister sein Pferd endlich einfangen konnte, waren beide so erschöpft, daß sie die Mauer auch am nächsten Tag nicht vollenden konnten.

Am Abend schaute sich der unbekannte Baumeister die Mauer an, die er nicht mehr rechtzeitig fertigstellen konnte, und wurde fuchsteufelswild. Er beschuldigte die Götter, ihn mit List und Tücke um seinen Lohn betrogen zu haben. Er wollte sich mit aller Gewalt rächen und sammelte enorme Felsbrocken und Baumstümpfe, mit denen er Asgard und seine Bewohner zerschmettern wollte. Erst jetzt wurden sich die Götter dessen bewußt, daß der Baumeister ein Bergriese war, und lauthals riefen sie Thor zu Hilfe. Thor, der soeben von einer Reise zurückgekehrt war, landete mit einem grellen Blitz, der die Erde erbeben ließ, mitten in der Götterschar, schleuderte dem wütenden Riesen seinen Hammer an den Kopf und zertrümmerte dessen steinharten Schädel.

Nach einiger Zeit wurde Loki der Vater eines achtbeinigen Fohlens, auf dessen Zähne mit Runen bedeckt waren. Dieses Fohlen war Sleipnir, Odins innig geliebtes Pferd, das den Gott schnell wie der Wind durch die Luft, durchs Feuer und über die Wellen des Meeres trug.

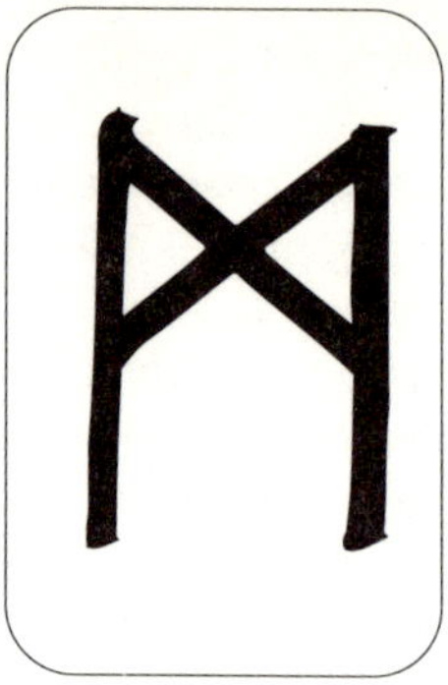

20. MANNAZ - der Mensch, Zusammengehörigkeit, geistige Entwicklung

Lautwert: m

Blutsverwandtschaft und Stammesverband waren den Bewohnern Nordeuropas besonders wichtig. Jedes Individuum gehörte zu einem Clan, dem er zu Loyalität verpflichtet war, die weiter ging als die Dauer seines Lebens. Obwohl ein gewisses Maß an Individualität gefördert wurde, war es selbstverständlich, daß niemand nur zu seinem eigenen Vorteil handelte, denn von den Resultaten der Handlungen eines einzelnen Clanmitglieds waren alle übrigen Stammesgenossen betroffen. Die einzige Ausnahme dieser Regel war der Stammesälteste, dem es als Zwischenperson zwischen dem Clan und seinen Göttern zustand, sich von seinen eigenen Einsichten leiten zu lassen.

Das angelsächsische Runenepos sagt hierzu:

(Der Mensch,) der mitten im Leben steht,
ist seinen Stammesgenossen treu,
auch wenn sie voneinander getrennt werden,
denn die Götter haben in ihrer Weisheit beschlossen,
sein vergängliches Fleisch der Erde anzuvertrauen.

Prophetische Bedeutung:

Diese Rune betont die Bedeutung Ihrer gesellschaftlichen Stellung und deren Wichtigkeit für Sie und Ihre Mitmenschen. Mannaz symbolisiert nicht nur das Streben nach persönlicher Harmonie, sondern weist auch darauf hin, daß Zusammenarbeit mit anderen unerläßlich ist. Außerdem beinhaltet die Rune die Unterstützung Gleichaltriger. Man kann gute Argumente finden oder schwere Prüfungen bestehen.

Wie groß Ihre Verdienste und wie gut Ihre Resultate auch sein mögen, bleiben Sie vor allem tolerant und bescheiden.

Rune liegt richtig herum:

Intelligent, vernünftig, loyal, anpassungsfähig, vermittelnd, hilfsbereit, fachkundig.

Rune liegt auf dem Kopf:

Verschlagen, schlau, berechnend, manipulierend, sich mit seiner Herkunft großtun.

Parallelen:

Tarot:	Große Arkana X - Das Rad des Lebens
Astrologie:	Sonne im Wassermann/Mond im 4. Haus
I Ging:	8. Hexagramm, *Bi* - Das Zusammenhalten

HEIMDALL

Heimdall wurde unter vielen verschiedenen Namen verehrt. Manchmal nahm er sogar Odins Stellung ein oder wurde ihm gleichgesetzt. Am bekanntesten war dieser Sohn des Odin und der neun Riesinnen jedoch als Wächter der Regenbogenbrücke Bifröst. Unter dem Namen Riger galt er als göttlicher Vorfahre der verschiedenen Stämme, aus denen die menschliche Gesellschaft bestand. Die Edda erzählt:

Eines Tages, als Heimdall über den Strand in Midgard lief, kam er zu einer verfallenen Hütte, wo er Ai und Edda (Urgroßvater und -mutter) traf, ein armes, greises Ehepaar, das ihn dazu einlud, ihre spärliche Mahlzeit mit ihnen zu teilen. Heimdall, der sich Riger nannte, nahm die Einladung dankbar an und blieb drei Tage bei ihnen. Nachts lag er zwischen den Eheleuten im Bett und lehrte sie viele Dinge. Danach ging er wieder seines Weges.

Neun Monate später schenkte Edda einem dunklen, grobschlächtigen, kräftigen Sohn das Leben, den sie Tarl nannte. Tarl zeigte bald große physische Kraft und das Zeug zu schwerer Arbeit. Später nahm er Thyr zur Frau, ein plumpes Mädchen mit rauhen Arbeitshänden und klobigen Füßen, die sich, wie ihr Mann, vom frühen Morgen bis späten Abend abmühte. Das Paar bekam viele Kinder, von denen alle Knechte der nordischen Länder abstammten.

Nachdem er die ärmliche Hütte verlassen hatte und landeinwärts gelaufen war, erreichte Riger einen wohlhabenden Bauernhof. Als er das sonnige Haus betrat, traf er Afi und Amma an (Großvater und -mutter), die ihn gastfreundlich dazu einluden, ihr einfaches, jedoch nahrhaftes Mahl mit ihnen zu teilen. Riger nahm die Einladung gerne an und blieb drei Tage bei seinen Gastgebern. Nachts lag er zwischen den Eheleuten im Bett und lehrte sie viele Dinge. Danach ging er seines Weges.

Neun Monate später bekam Amma einen blauäugigen, kräftigen Knaben, den sie Carl nannte. Als er herangewachsen war, stellte sich heraus, daß Carl ein geborener Ackerbauer war. Er heiratete Snör, eine kräftige Hausfrau, die am Gürtel ihres Rockes aus Ziegenleder einen großen Schlüsselbund trug. Sie schenkte ihrem Mann viele Kinder, die zu den Stammesvätern der nordischen Bauernrasse heranwuchsen.

Inzwischen hatte Riger ein stattliches Schloß erreicht, das auf einem Hügel lag. Hier empfingen ihn Fadir und Madir (Vater und Mutter), die prächtig gekleidet waren und ihn herzlich begrüßten. Sie servierten die herrlichsten Weine und Speisen. Auch bei diesem Paar blieb Riger drei Nächte, lehrte sie viele Dinge und kehrte anschließend zu seinem Schloß Himinbjörg zurück, um seiner Verpflichtung als Wächter der Regenbogenbrücke nachzukommen.

Nach neun Monaten bekam Madir einen schlanken Sohn mit schlanken Gliedern, funkelnden blauen Augen und blondem Haar. Sie nannte ihn Jarl. Dieser Junge zeigte schon früh eine Vorliebe für die Jagd und für allerlei Arten von Kampfübungen. Riger erkannte ihn als seinen Sohn an, er lehrte ihn nicht nur, die Runen zu begreifen, sondern auch sein Erbe zu erhalten und zu verwalten. Jarl heiratete Erna, ein schönes, schlankes Mädchen, daß ihm viele Kinder schenkte, die alle zu Führern ihres Volkes heranwuchsen. Wie in der Rigsmàl geschrieben steht, wurde Konur, das jüngste Kind, der erste König von Dänemark.

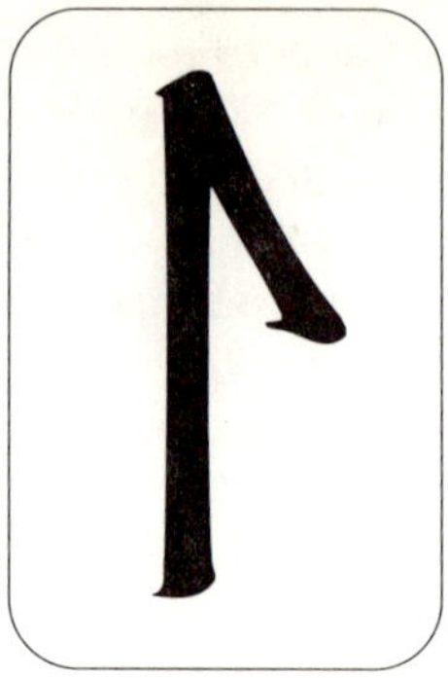

21. LAGUZ - Wasser, Meer, Sumpf

Lautwert: l

Die Laguz-Rune symbolisiert Wasser, vor allem das Meer, sowie Flüsse, Sümpfe, Brunnen und Wasserfälle. Wasser ist ein komplexes Symbol. Als positive Kraft bedeutet es Fruchtbarkeit in der Form fruchtbaren Regens und rauschender Bäche, im negativen Sinn jedoch Flutwellen, Überschwemmungen, Hagel, Schnee und Eis ... sowie die Welt verwirrender Traumbilder. Wasser symbolisiert auch das Angsterregende des Unbekannten, ein Gebiet, auf dem sich Seeleute bewegten, ohne zu wissen, was sich unter der Oberfläche befand.

Im persönlichen Bereich entspricht Wasser der Zwangsläufigkeit des unbewußten Trieblebens. In Mythen und Sagen umarmen bildschöne Meerjungfrauen, Wellenmädchen und Wassernymphen Sterbliche und locken sie in ihr Reich unter der Wasseroberfläche, wo sie ein nasses Grab erwartet. Man kann Wasser jedoch nicht meiden, auch nicht in seiner weniger angsterregenden Form, denn Fruchtbarkeit und Sexualität sind unauflösbar mit dem Leben verbunden.

Laguz ist eine mysteriöse Rune, die mit dem sprichwörtlichen Einfluß des Mondes verglichen werden kann: Emotionen, Leidenschaft, Stimmungswechsel, Empfänglichkeit, Träume, Rausch, Sexualität.

Mit der Laguz-Rune wurden der Meeresgott Njörd und seine Gemahlin Nerthus, die Erdgöttin, um Hilfe angerufen. Nerthus wurde auf der dänischen Insel Seeland in einem Tempel verehrt, der von einem See umgeben war.

Das angelsächsische Runenepos sagt hierzu:

Ein wildes Meer erscheint dem Menschen endlos,
wenn er auf einem schaukelnden Schiff fährt;
hohe Wellen machen Angst;
der Meereshengst gehorcht seinen Zügeln nicht.

Prophetische Bedeutung:

Eine charakteristische Eigenschaft der Laguz-Rune ist ihre tiefe, gefühlsmäßige Verbundenheit mit allem, was in der Umgebung geschieht. Da sich ihre Kraft am Gefühl orientiert, ist sie von äußeren Impulsen abhängig. Darum verhält sich der Fragesteller abwartend; er sehnt sich, er fragt, er absorbiert, er verhüllt, er ist unvorhersagbar und launisch. Obwohl sein Urteil subjektiv ist, hat er oft ein sicheres Gespür für Situationen, mit dem er blindlings zum Kern der Sache vorstößt. Da Logik hier kaum eine Rolle spielt, ist Verbalisierung seiner Schlußfolgerungen so gut wie unmöglich.

Rune liegt richtig herum:

Feinfühlig, emotional, inspirierend, visionär, träumerisch, anhänglich, stimmungsvoll, Rausch.

Rune liegt auf dem Kopf:

Mißverständnisse, verwirrtes Auftreten, vages Ichbild, irreal, Enttäuschungen, emotionelle Erpressung, verräterisch, erstickend.

Parallelen:

Tarot:	Große Arkana XVIII - Der Mond
Astrologie:	Mond im Krebs / Sonne in Fische
I Ging:	61. Hexagramm, *Dschung Fu* - Die innere Wahrheit

NJÖRD

Nach dem schrecklichen Krieg, der zwischen den Asen und Vanen gewütet hatte, wechselten sie Geiseln aus. Hönir, Odins Bruder, zog nach Vanaheim um, Njörd hingegen ließ sich mit seinen zwei Kindern Frey und Freyja in Asgard nieder.

Njörd wurde angerufen, um die Stürme, die in Meeresnähe tobten, zu besänftigen und darum bekam er den Palast Noatun an der Küste zur Verfügung gestellt, wo er seine Fürsorge auch auf den Handel und die Fischerei ausdehnte.

Als Personifikation der Sommermonate wurde er auch angerufen, um die Strahlen der Frühlingssonne herauszulocken, damit die Winterfeuer gelöscht werden konnten. Überdies bat man ihn um Hilfe, um gute Ernten einzubringen. Intensiven Ackerbau betrieb man in den drei kurzen Sommermonaten, vor allem an den Fjorden und Buchten, und ein Sprichwort besagte: Wohlstand erlangt derjenige, der auf Njörd baut.

Njörd mußte seine Frau in Vanaheim zurücklassen, als er nach Asgard verbannt wurde. Dort bekam er einen der zwölf Throne im großen Versammlungsraum, um allen Versammlungen und Beratungen der Asen beizuwohnen. Auf einer dieser Versammlungen debattierten sie eine der hinterlistigen Eskapaden Lokis und inwieweit sie daran beteiligt waren. Was war geschehen?

Der Riese Thiazzi (Stürmer) hatte sich in einen Adler verwandelt und Loki, als Vergeltung für irgendein listiges Vergehen in seinen mächtigen Krallen hoch in die Luft getragen. Er stellte die Bedingung, daß er ihm nur dann unversehrt die Freiheit schenken würde, wenn er ihm Idun, die Frühlingsgöttin und Hüterin der Verjüngungsäpfel, die die Götter regelmäßig aßen, auslieferte.

Da Loki keine Wahl hatte, band er Idun bei seiner Rückkehr in Asgard einen Bären auf. Er behauptete, daß er ihr außergewöhnlichere Äpfel als die ihren zeigen konnte. Unter diesem Vorwand lockte er sie und ihre Äpfel an einen abgelegenen Ort, wo der in einen Adler verwandelte Thiazzi sie zu seiner kalten, einsamen Burg Thrymheim trug, in der er und seine Tochter Skadi wohnten. Da ihnen die Verjüngungsäpfel fehlten, bemerkten die Asen die Entführung Iduns rasch, und unter schrecklichen Drohungen zwangen sie Loki, seine hinterlistige Tat rückgängig zu machen.

Im Falkengewand der Freyja flog Loki zum Wohnsitz Thiazzis, verwandelte Idun in eine Nuß und brachte sie in seinem Schnabel nach Asgard zurück. Thiazzi, der sich in einen Adler verwandelt hatte, verfolgte sie. Bei Asgard flog er jedoch in das lodernde Flammenmeer eines Feuers, das speziell zu diesem Zweck geschürt und hinter den Mauern von Asgard entzündet worden war, und stürzte tödlich verwundet in die Tiefe.

Kurz nach Iduns Rückkehr aus Thrymheim und Thiazzis Tod wurden die versammelten Götter von einem Besuch der Skadi, der wütenden Tochter des Eisriesen, überrumpelt. Sie kam, um von den Göttern Genugtuung für den Tod ihres Vaters zu fordern.

Skadi, die Göttin des Winters, war sehr schön. Sie trug ein kurzes Jagdgewand und eine silberne Rüstung, einen glänzenden Speer, spitze Pfeile, weiße Beinkleider aus Fell und breite Schneeschuhe. Die Götter gaben zu, daß ihr Zorn berechtigt war. Sie zeigten ihr das Firmament, an dem sie die Augen ihres Vaters als funkelnde Sterne befestigt hatten, um ihm die Ehre zu erweisen, die er verdient hatte. Skadi war hiermit jedoch nicht zufrieden. Da sich die Götter schuldig fühlten, erklärten sie schließlich, daß sie einen von ihnen zum Mann nehmen durfte; sie konnte bei ihrer Wahl jedoch nur ihre entblößten Füße sehen, denn man verband ihr die Augen. Ihr Blick fiel auf ein Paar wohlgeformte Füße, die sie Baldr zuschrieb, und sie traf ihre Wahl. Nachdem die Augenbinde entfernt worden war, stellte sie zu ihrer Enttäuschung fest, daß sie Njörd gewählt hatte. Dennoch verbrachte das Paar einige schöne Wochen in Asgard.

Danach nahm Njörd seine Frau zu seinem Palast Noatun mit, aber das eintönige Rauschen des Meeres, das klägliche Schreien der Möwen und das Bellen der Seehunde machten sie so nervös, daß sie ihren Mann bat, sie nach Thrymheim zurückzubringen. Njörd, der seiner jungen Frau gerne einen Gefallen tat, stimmte ihrer Bitte zu, und sie vereinbarten, daß er neun der zwölf Monate bei ihr in Thrymheim verbringen sollte und sie die übrigen drei Monate mit ihm in Noatun wohnen würde. Als sie sich jedoch dem dichtbewaldeten Gebirge näherten, in dem ihre Burg lag, erschien ihm das Heulen des Windes in den Tannen, das Donnern der Lawinen, das Krachen des

Eises und das Heulen der Wölfe genauso unerträglich wie seiner Frau das eintönige Rauschen des Meeres.

Njörd und Skadi, die Sommer und Winter verkörperten, hielten diesen Wohnortwechsel einige Zeit durch. Skadi verbrachte die drei kurzen Sommermonate in Noatun am Meer, und Njörd blieb die neun langen Wintermonate im eiskalten Thrymheim. Schließlich faßten sie den Entschluß, sich zu trennen, da ihr Geschmack niemals übereinstimmen würde. Sie kehrten beide zu ihrem Wohnsitz zurück und nahmen ihren eigenen Lebensrhythmus wieder auf.

Skadi vermählte sich nach einiger Zeit mit Ullr, dem Wintergott der Jagd und des Bogenschießens, der meistens auf Schlittschuhen übers Eis glitt. Sie bekamen einen Sohn namens Säming, der später der erste König von Norwegen wurde.

Odin und sein achtbeiniges Pferd Sleipnir

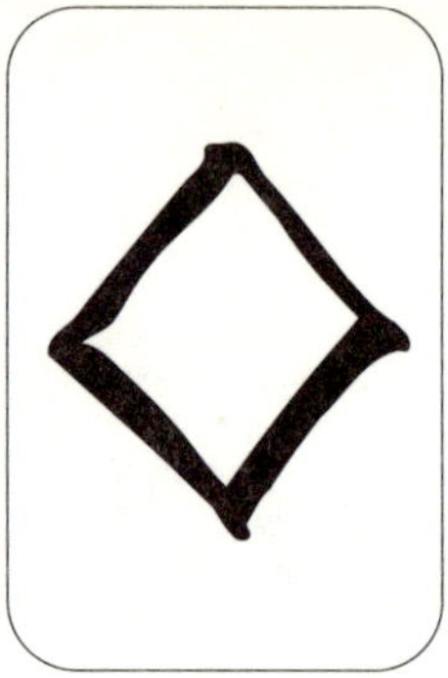

22. INGUZ - Vollendung, Neuanfang, Erweiterung

Lautwert: ng

Ing war ein Gott der Dänen. Tacitus erwähnt in seinen Büchern einen nordischen Stamm, die Ingaevanes, die an der Ostsee wohnten. Der Fruchbarkeitsgott Freyr war auch unter dem Namen Ing(vi) bekannt. Da Freyr der Sohn der Nertus (Mutter Erde) war und wie seine Mutter in einem Triumphwagen fuhr, kann man davon ausgehen, daß Ing ein Fruchtbarkeitsgott von Heim und Herd (Erde) war, ein Betreuer der Familie. Darum galt er wahrscheinlich als die gesunde, produktive Seite des Sexuallebens.

Die Laguz-Rune symbolisiert die Kraft und den Einfluß des Wassers (Gefühl) - Inguz drückt die ergänzende Kraft und den ergänzenden Einfluß aus. Dennoch ist die Inguz-Rune mit dem Mond verwandt - mit dem sensiblen Teil der menschlichen Psyche -, denn sie verkörpert den Wunsch, begehrt zu werden, das Bedürfnis, miteinander zu teilen, sowie die Suche nach Übereinstimmung in persönlichen Beziehungen.

Einer Sache, die im Werden oder Wachsen begriffen ist, ein gutes Ende zu bereiten, das ist Inguz' größte Triebfeder. Wenn diese kräftige Rune gezogen wird, heißt dies, daß der Fragesteller die Energie besitzt, eine Situation, die einen Neuanfang andeutet, zu vollenden oder zu meistern.

Das angelsächsische Runenepos sagt zur Inguz-Rune:

(Ing) war der erste der Ostdänen,
den die Männer sahen,
bis er wieder ostwärts (oder "zurück")
über den Golf zog, sein Wagen folgte ihm,
ihn nennen Krieger einen Helden.

Prophetische Bedeutung:

Wenn Inguz beim Legen erscheint, bedeutet dies, daß der Fragesteller einen Zustand inneren Gleichgewichts erreicht hat. Er fühlt sich wohl in seiner Haut, strahlt Selbstvertrauen aus und fühlt sich auf der Welt am rechten Platz. Die umliegenden Runen müssen zeigen, ob dies eine permanente oder vorübergehende Gemütsverfassung ist, denn im allgemeinen können nur wenige dieses innere Gleichgewicht unter den täglichen Belastungen ununterbrochen aufrechterhalten. Die Inguz-Rune kündigt jedoch, außer der Sorge für das Wohl von Heim und Herd, auch den Beginn neuer Aktivitäten und Erweiterung an.

Rune liegt richtig herum:

Ausgeglichen, vital, gesunder Verstand, menschliche Wärme, produktiv, Veränderung von Werten, Neuanfang.

Rune liegt auf dem Kopf:

Arbeitspferd, Schwerarbeit, wechselhafte Karriere, Unruhe, Unbehagen, Zweifler, pessimistisch.

Parallelen:

Tarot:	Große Arkana IV - Der Herrscher
Astrologie:	Neumond
I Ging:	24. Hexagramm, *Fu* - Die Wiederkehr

FREYR (FREY oder ING)

Eines der schönsten Eddalieder erzählt, daß Freyr eines Tages Odins Thron Hlidskialf bestieg und von dem hohen Ort aus seinen Blick über die weite Welt schweifen ließ. Als er die hartgefrorene nordische Landschaft erblickte, sah er einen winzigen Augenblick lang, wie ein bildschönes Mädchen das Haus des Eisriesen Gynir betrat, kurz darauf war das anmutige Wesen - das Erdr hieß und als Personifikation des Nordlichts galt - im Hause ihres Vaters entschwunden. Freyr verliebte sich in das bezaubernde Mädchen, und sein Herz war von dem Wunsch erfüllt, sie zur Frau zu nehmen.

Verliebt, schwermütig und melancholisch kehrte er, seinen Gedanken nachhängend, nach Hause zurück. Er war so zerstreut, daß sein Vater Njörd seinem treuen Knecht Skirnir den Auftrag gab, die Ursache dieses plötzlichen schwermütigen Verhaltens herauszufinden. Nach langem Zaudern gestand Freyr seine Liebe zu Erdr und seine Verzweiflung, da seine Angebetete die Tochter des Eisriesen Gymir und der Angur-Boda war, und überdies eine Blutsverwandte des von den Asen getöteten Eisriesen Thiazzi. Er fürchtete, daß sie ihn wohl niemals freundlich empfangen würde.
Skirnir tröstete ihn und bot ihm an, dem Mädchen einen Heiratsantrag zu machen, unter der Bedingung, daß er Freyrs furchtloses Pferd Blodughofi mitnehmen durfte, das durch Feuer und Wasser eilen konnte. Außerdem wollte er Freyrs glänzendes Schwert als Pfand mitnehmen. Freyr war sofort bereit, diesen Bedingungen zuzustimmen.

Mit der Aussicht darauf, daß er die Liebe der schönen Erdr vielleicht doch noch gewinnen konnte, versank Freyr wieder in den träumerischen Zustand, der ihn seit seiner Verliebtheit zur zweiten Natur geworden war. Er merkte darum nicht, daß Skirnir in seiner Nähe umherschlich und die Chance abwartete, Freyrs Spiegelbild von der Wasseroberfläche des Bachs zu schöpfen und in ein Trinkhorn zu gießen. Mit diesem Porträt, elf goldenen Äpfeln und dem Zauberring Draupnir ritt Skirnir nach Jötunheim, um seinen Auftrag auszuführen.

Mit Hilfe des Pferdes Blodughofi sprang er durch die Flammenmauer, die das Haus des Gymir umgab, und alsbald begegnete er der lieblichen Erdr. Das Porträt des Freyr konnte ihr Herz nicht erweichen, die Geschenke, die Skirnir ihr gab, lehnte sie hochmütig ab, und die Drohung, daß er sie mit seinem Zauberschwert enthaupten würde, machte nicht den geringsten Eindruck auf sie. Ihre Ruhe zwang ihn dazu, seine Zuflucht zur Zauberkunst zu nehmen. Er schnitt Runen zur Beschwörung in einen Zweig und erklärte ihr, daß sie entweder zu ewiger Jungfräulichkeit verurteilt sei, oder einen häßlichen, dreiköpfigen Eisriesen heiraten müßte, den sie nie lieben könnte, falls sie nicht nachgab. Die Beschreibung der freudlosen Zukunft, die sie erwartete, wenn sie auf ihrer Weigerung beharrte, erschreckte sie sehr, darum willigte Erdr schließlich darin ein, Freyrs Frau zu werden.

Skirnir eilte nach Ljossälfsheim zurück, dem Land der Lichtelfen, wo Freyr das Zepter führte, und verkündete seine erfreuliche Nachricht. Freyrs Stimmung besserte sich; als Skirnir ihm jedoch erzählte, daß er neun Nächte Geduld haben müßte, bevor er seine Braut sehen konnte, zog er sich wieder schwermütig zurück und erklärte, daß diese Frist ihm unerträglich erschien. Trotz der Verzweiflung des Liebenden ging die Wartezeit herum und Freyr eilte erfreut ins grüne Land des Buri, wo Erdr im Brautkleid auf ihn wartete. Sie erblühte zur Frau, die voller Stolz mit Freyr den Thron teilte.

23. DAGAZ - Tageslicht, Hoffnung, Vertrauen, Durchbruch

Lautwert: d

Diese Rune läutet die Dämmerung eines neuen Tages ein. Dies war ein willkommenes Ereignis im hohen Norden, speziell nach den langen, kalten, dunklen Wintern. Da die Sonne als Symbol des Lebens angebetet wurde, wurde ihr Aufgang jeden Tag rituell begrüßt. Das Morgengrauen und die Abenddämmerung sind magische Perioden, Licht und Dunkelheit zeigen die gleiche verändernde Kraft. Die Dagaz-Rune synthetisiert, verformt und läßt aus vermeintlichen Gegensätzen eine völlig neue Bedeutung erwachsen.

Dagaz ist auch das Symbol der Jahreszeit, in der die Kraft der Sonne am stärksten ist. Der Einfluß dieser Rune wird darum auch mit der Sommersonnenwende Mitte Juni assoziiert.

Das angelsächsische Runenepos sagt hierzu:

(Der Tag) ist der von den Göttern geliebte Bote;
das berühmte Licht der Herrscher
schenkt arm und reich
Freude und Hoffnung
und ist jedem von Nutzen.

Prophetische Bedeutung:

Das Stichwort *Morgengrauen* beschreibt die Bedeutung dieser Rune gut. Die Dagaz-Rune ist die Brücke zu besseren Zeiten. Runen, die beim Legen um sie herum liegen, können Hinweise darauf geben, in welcher Richtung diese besseren Zeiten gesucht werden müssen. Dagaz kann den Einfluß verdeckter Runensteine oder -Stäbe erleuchten. Sie kann auch einschränkende Einflüsse oder eine feindliche Umgebung beseitigen. Manchmal läutet sie lange Perioden bedeutender Leistungen und großen Wohlstands ein. Hoffnung und Vertrauen herrschen, die dunklen Zeiten liegen hinter uns, der Morgen graut!

Rune liegt richtig herum:

Einsicht, Tatendrang, eine unternehmende Lebensphase, Optimismus, Wohlstand.

Rune liegt auf dem Kopf:

Auflösung und Verschwommenheit; Zweifel zwischen Licht und Dunkelheit, Gut und Böse, Fortschritt und Stagnation

Parallelen:

Tarot:	Große Arkana XVII - Der Stern
Astrologie:	Sonne im Schützen/Mond im 11. Haus
I Ging:	49. Hexagramm, *Go* - Die Umwälzung

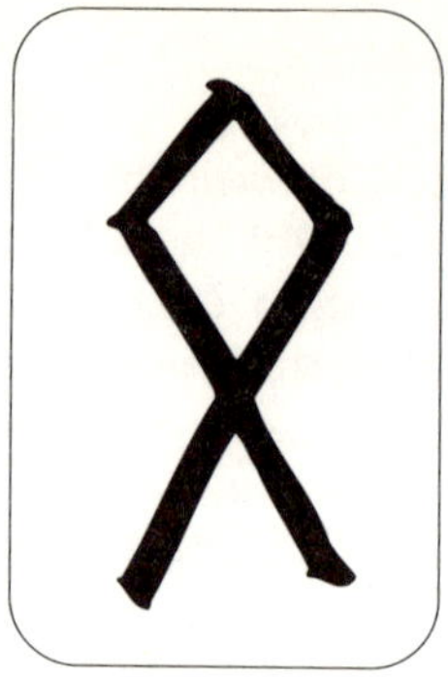

24. OTHIAL - Erbe, Ländereien, Traditionen

Lautwert: o

Diese Rune assoziiert man mit dem Begriff Eigentum, denn Othial ist die Rune des Vorteils und Gewinns. Es ist jedoch möglich, daß sich diese Vorteile aus einer Erbschaft ergeben, die Sie zwingt, etwas aufzugeben. Das kann schwierig sein, wenn dasjenige, was Sie aufgeben müssen, ein Teil Ihrer Vergangenheit ist, Ihr kulturelles Erbe, oder was Sie bisher stolz für Ihr Geburtsrecht gehalten haben. Egal ob es Ihre gesellschaftliche Position oder das Bild, das Sie von sich haben, betrifft, die Entscheidung, die Sie jetzt treffen müssen, wird Ihnen die Freiheit schenken, so zu sein, wie Sie wirklich sind.

Das angelsächsische Runenepos sagt zu dieser Rune:

(Besitz) ist jedem Menschen teuer,
wenn er von dem genießen kann das rechtmäßig
und gemäß den Bräuchen ist;
in seinem Haus herrscht meistens Wohlstand.

Prophetische Bedeutung:

Diese Rune symbolisiert Familienbesitz, den man durch Erbschaften erwirbt, wie Immobilien und Ländereien. Liegt die Rune jedoch auf dem Kopf, kann sie Verlust, Streit und Prozesse oder sogar Testamentsänderungen bedeuten. Überdies muß der Fragesteller damit rechnen, daß verschwiegene Einkünfte einer Steuerprüfung unterzogen werden.

Rune liegt richtig herum:

Hinterlassenschaften, Vermächtnisse, Heimatland und Geburtsort, soziale Einstellung, Veränderung und Erweiterung.

Rune liegt auf dem Kopf:

Erbschaftsstreit, Gerichtsverfahren über Ländereien und Familienbesitz, Verlust von Eigentum, Verschwendung.

Parallelen:

Tarot:	Große Arkana XXI - Die Welt
Astrologie:	Sonne im Wassermann/Mond im Stier
I Ging:	64. Hexagramm, *We Dsi* - Vor der Vollendung

RAGNARÖK - die Götterdämmerung

Ragnarök ist die Götterdämmerung oder der Untergang der Götter. Es ist der Kampf der Götter gegen dämonische Mächte. Eines der auffälligsten Merkmale der norwegische Mythologie ist der Glaube der Menschen an die Sterblichkeit ihrer Götter. Die Entstehung der Asen war glorreich und bewundernswert; sie trugen jedoch, da sie aus einer Mischung göttlicher und dämonischer Elemente hervorgegangen waren, den Keim der Vergänglichkeit in sich. Sie würden an ihrer Unvollkommenheit zugrunde gehen.

In den nordischen Mythologien ereignet sich ein Drama, das allmählich zu Aufstieg und Niedergang der Götter führt. Sie erzählen, wie die Asen den Loki, die Verkörperung des Bösen, in ihrem Kreis aufnahmen; wie sie seine heuchlerischen Ratschläge ergeben befolgten und hinnahmen, daß sie in allerlei schwierige Situationen gerieten, aus denen sie sich nur auf Kosten ihrer Ehre und Unschuld befreien konnten. Schließlich bekam er soviel Macht, daß er nicht davor zurückschreckte, sie ihres liebsten Besitzes, der Reinheit und Unschuld, die Odins Sohn Baldr verkörperte, zu berauben.

Nach dem Tod des Baldr ballten sich schwere Wolken über der nordischen Götterwelt zusammen; die Vorzeichen, daß die letzte Weltschlacht nahte, wurden immer deutlicher. Die Sonne und der Mond wurden von den Wölfen verschlungen, die sie verfolgten, und die Welt wurde mitten im Sommer in Finsternis gehüllt. Heulende Hagel- und Schneestürme jagten aus allen Windrichtungen über die sonst so grasreichen Wiesen.

Da alles Gute ihre Welt anscheinend verlassen hatte, fühlten die Götter, daß die uralten Prophezeiungen im Begriff waren, sich zu erfüllen, und daß die Vorzeichen des Ragnarök, der Götterdämmerung, schon deutlich erkennbar waren. Ein schrecklicher Greuelwinter begann (Fimbulvetr), der länger als drei Jahreszeiten dauerte und alle Lebewesen erstarren ließ. Unter den Menschen herrschte Zwietracht und Verwirrung, aus dem Meer erhoben sich drohende, haushohe Wellen, Yggdrasil zitterte, da es der Schlange Nidhöggr gelungen war, seine drei Wurzeln zu zernagen.

Die tiefverschleierten Schicksalsgöttinnen saßen bei der Quelle der Weisheit zwischen ihren zerrissenen Fäden und hüllten sich in geheimnisvolles Schweigen. Odin zog zum letzten Mal das weise Haupt des Mimir zu Rate, bevor er auf Sleipnir zur weiten Ebene von Vigridr zog, wo die letzte Weltschlacht stattfinden sollte. Der rote Hahn Fialar, der über Walhalla flog, schlug laut Alarm, sein Ruf wurde sofort wiederholt von Gullin-Kambi, dem Hahn von Midgard, und auch Hels dunkelroter Vogel in Niflheim kündigte die Gefahr an.

Heimdall, der die durchdringenden Schreie der Hähne hörte, setzte ohne eine Sekunde zu zögern, den Zink Giallar an seinen Mund und blies die langerwartete Warnung, die in der ganzen Welt erschallte.

Der Fenriswolf löste mühelos seine Fesseln und schloß sich dem Eisriesenheer an. Wild schäumende Wogen trieben Rans Schicksalsschiff Nagilfar ab, das aus den Nägeln ertrunkener Männer gefertigt war. Kaum war das Schiff wieder flott, als sich Loki, der sich inzwischen ohne großen Kraftaufwand von seinen Ketten befreit hatte, mit den bis an die Zähne bewaffneten Eisriesen und ihren Pferden einschiffte und Nagilfar über die stürmischen Gewässer zur weiten Ebene von Vigridr steuerte. Plötzlich zerteilte sich die Luft, durch die funkensprühende Bresche ritt der dunkle Surtr mit seinem flammenden Schwert in die Schlacht, gefolgt von seinen feurigen Genossen aus Muspellsheim.

Als die Eisriesen über die Regenbogenbrücke Bifröst zogen, um Asgard zu stürmen, stürzte die schwankende Brücke unter dem Stampfen der Pferdehufe ächzend ein.

In dieser letzten Weltschlacht wurden viele alte Rechnungen beglichen. Thor besiegte Jörmungandr, den unbesiegbaren Drachen aus Midgard, er atmete dabei jedoch so viel Giftwolken ein, die das Ungeheuer in seinem Todeskampf ausstieß, daß er seinen Geist aushauchte. Heimdall besiegte seinen Erzfeind Loki, wurde in diesem Kampf jedoch ebenfalls tödlich verletzt.

Odin führte einen erbitterten Kampf gegen den Fenriswolf, dem er jedoch unterlag. Sein schweigsamer Sohn Vidarr mit dem eisernen Schuh rächte den Tod seines Vaters, dem Ehrenkodex der Götter gemäß. Er riß das schreckliche Untier entzwei, indem er seinen eisernen Schuh in den aufgesperrten Rachen des Ungeheuers stellte und den Oberkiefer mit voller Kraft ergriff.

Der Lichtgott Freyr wurde von der Waffe des dunklen Surtr getötet, der mit seinem flammenden Schwert die Paläste der Götter in Schutt und Asche legte. Freyr konnte sich in diesem Kampf nur mit einem Hirschgeweih verteidigen, daß er vom Boden aufgehoben hatte, da er sein eigenes Schwert, das selbständig kämpfte, dem Riesen Gymir als Pfand zurückgelassen hatte, als er die Gunst seiner Tochter Erdr erwarb.

Das Leben verging in Rauch und Feuer; Meere und Flüsse traten über die Ufer und ertränkten die Erde in Sintfluten. Das Ende der Welt nahte.
Es bestand jedoch noch Hoffnung. Von der Menschenwelt hatten zwei Wesen, Lif (Leben) und Lifthrasir (Lebenswunsch) überlebt, sie sollten die Stammväter eines neuen Menschengeschlechts werden.

Diejenigen, die den Greuelwinter (Fimbulvetr) in Höhlungen und Spalten im Stamm des Yggdrasil überlebt hatten, kamen zum Vorschein und bevölkerten die Erde. In der wiedergeborenen Welt sollten auch die Söhne der alten Götter erscheinen, Baldr und Hödr, Vidarr und Vali, Modi und Magni und die wiederhergestellten Paläste bewohnen, in denen einst Odin und die seinen das Zepter geführt hatten.

Sie sollten sich auf Idavöllr versammeln, einer ehemaligen Spielwiese der alten Asen, und einander die Heldentaten ihrer Väter erzählen.

Das Wort *Ragnarök* wird meistens mit "Götterdämmerung" übersetzt, was jedoch nicht richtig ist. *Ragna Rök* ist isländisch und bedeutet "unabwendbares Schicksal". Im zwölften Jahrhundert fügten norwegische Skalden dem Wort einige Buchstaben hinzu, so daß es Ragnarökkr lautete, ein Wort, das die mehrdeutige Übersetzung "Götterdämmerung" zuließ. Ragnarök ist eine prophetische Anschauung vom Untergang des Universums und hat, was die Stimmung und die Details betrifft, viel Ähnlichkeit mit der Apokalypse des Neuen Testaments.

4. Runensteine selber herstellen

Runensteine, -Stäbe oder -Karten, die man zum Wahrsagen benötigt, kann man in einschlägigen Buchhandlungen kaufen. Manche Menschen haben jedoch eine engere Bindung zu Runensteinen oder -stäben, die sie selbst und nach eigenem Geschmack angefertigt haben. Im Grunde benötigen Sie dafür nur 24 Stückchen Papier oder Pappe, auf denen die Runen geschrieben werden können. Die meisten Runenleger werden jedoch wegen der größeren Verbundenheit mit dem Thema einen permanenteren Satz Stäbe oder Steine besitzen wollen.

Runenstäbe oder -steine können aus Holz, Knochen, Stein oder jedem anderen haltbaren Material angefertigt werden. Die Runenleger verwenden sie in allerlei Arten und Maßen. In der Praxis hat sich gezeigt, daß kleine, flache, runde oder viereckige Runensteine aus Keramik, Holz oder Knochen mit einem Durchmesser von etwa 1,5 cm am besten sind (dazu können z.B. flache Kieselsteine, Spielmarken oder Bohnen benutzt werden). Schmale, dünne, quadratische oder rechteckige Holzstückchen, die zwischen 1,5 bis 2 cm Länge variieren (wozu z.B. die Rückseiten von Scrabblesteinen verwendet werden können), oder Stückchen Karton oder Pappe, die etwa 1 x 2 cm groß sind, können dem Runenleger einen guten Dienst erweisen.

Obwohl Holz von einem fruchttragenden Baum das traditionellste Material ist, das für Runen-"Steine" verwendet wird, sind auch kleine Runenkarten geeignet, da es möglich ist, ohne viel Aufwand den Runennamen sowie den Zahlen- und Lautwert der einzelnen Runen auf ihnen zu vermerken.

Welche Art oder Material man auch wählt, die eingekerbte, eingebrannte oder gezeichnete Rune muß farbig sein. Die traditionellen Farben waren rot oder blau, auch jede andere Farbe, die Sie intuitiv wählen oder die Sie gefühlsmäßig vorziehen, ist jedoch richtig. Weiß als Hintergrundfarbe der Stäbe, Steine oder Karten sollte man der Deutlichkeit halber jedoch meiden, da die Farbe des Tuches, auf die die Steine oder Stäbe geworfen werden, traditionell ebenfalls weiß ist. Aber auch hier gilt: Lassen Sie sich nicht von der Tradition beeinflussen, was die Wahl Ihrer eigenen Farbkombination anbelangt.

Bewahren Sie Ihre Steine in einem (ledernen) Säckchen, das groß genug für Ihre Hand ist, so daß Sie blindlings eine oder mehrere Ru nen ziehen können. Für Runenstäbchen und -karten ist eine Schachtel natürlich ein geeigneterer Behälter.

Je nach Größe der verwendeten Runensteine oder -stäbe ist die durchschnittliche Größe des Auslegetuches etwa 30 x 30 cm. Auf diesem Untergrund werden drei konzentrische Kreise gezeichnet: Der kleinste hat einen Durchmesser von etwa 5 cm, der mittlere von 10 cm und der größte von ca. 20 cm. Der kleine Kreis in der Mitte symbolisiert die Veranlagung, der zweite die Umstände und der äußere Ring die Wünsche, das Streben und manchmal die Resultate.

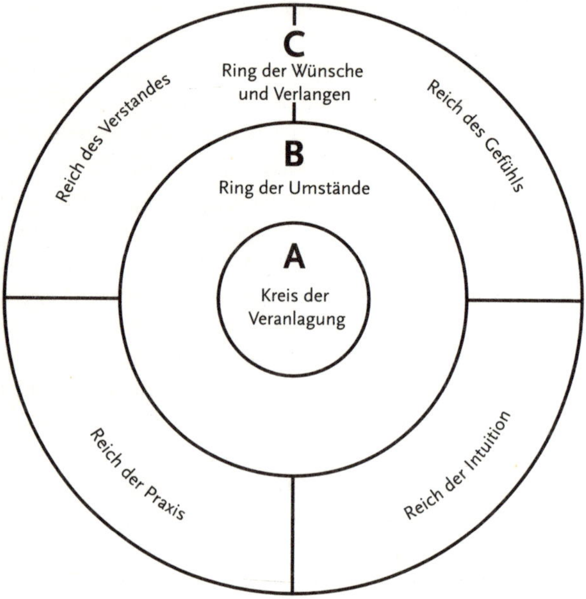

DAS RUNENTUCH IST IN DREI KREISE UNTERTEILT:

Kreis A: stellt die Veranlagung dar
Ring B: stellt die Umstände dar
Ring C: stellt die Wünsche und das Verlangen (Streben) dar

Der äussere Ring (c) ist in vier Abschnitte unterteilt:

1. Reich der Praxis: praktisches/realistisches Handeln, sinnliche Wahrnehmung
2. Reich der Intuition: Impulsivität; voller Begeisterung handeln und mit leidenschaftlichem Einsatz, der oft schnell erlahmt
3. Reich des Gefühls: stellt gefühlsmäßiges Reagieren und Handeln dar
4. Reich des Verstandes: rationell und offen handeln, das Denken

5. Verschiedene Techniken des Runenlegens und -lesens

Freyjas Rune

Wenn man eine Situation schnell allgemein einschätzen will, ist das Ziehen einer einzigen Rune die einfachste Methode. Diese eine Rune stellt sowohl das Problem und die aktuellen Umstände als auch die Lösung dar. Das Ziehen von Freyjas Rune verschafft Schlagfertigkeit in Situationen, in denen sofort eine Entscheidung getroffen werden muß, obwohl der Fragesteller keine detaillierten Angaben über das zur Diskussion stehenden Thema hat.

Beispiel: Einer meiner Schüler, der eine wichtige Funktion bei einem Betrieb erfüllte, in dem ein Streik des Personals drohte, wurde in der Mittagspause vor die Wahl gestellt, entweder das gesamte streikende Personal zu entlassen, den Betrieb stillzulegen und woanders sein Glück zu versuchen oder den Betrieb unter seiner Leitung zu übernehmen. Er zog sich mit seinen Runen kurz zurück, zog einen Stein und kam eine Minute später, wie er sagte, "als der junge Geschäftsführer des Betriebs" zurück. Die Rune, die er gezogen hatte, war Dagaz, die Rune des Durchbruchs, eines Neubeginns und vielversprechender Möglichkeiten.

Das Orakel der drei Runen

Wenn Sie in einer komplizierten Situation stecken, ordnen Sie die Frage deutlich in Ihren Gedanken. Sie wählen die Runen eine nach der anderen und legen sie verdeckt, *von rechts nach links*, nebeneinander, in der Reihenfolge, in der Sie sie gezogen haben. Sie liegen dann folgendermaßen Weise vor Ihnen:

3	2	1
---	---	---
neuer Zustand	Maßnahme	derzeitige Situation
---	---	---

Wenn Sie nun von rechts nach links lesen, zeigt also die erste Rune *die Situation wie sie ist*; die zweite (mittlere) Rune zeigt die *erforderliche Handlungsweise*; und die dritte Rune (links) gibt Aufschluß darüber, wie sich *die Situation entwickeln wird*.

Den Runen können natürlich auch andere Inhalte zugewiesen werden. Zum Beispiel:

	3	2	1
	---	---	---
	Zukunft	Gegenwart	Vergangenheit
oder:	Ehe	Liebe	Freundschaft
oder:	Fortschritt	Wende	Stagnation
		---	---

Eine meiner Schülerinnen bat mich vor einiger Zeit, ihr die Runen zu lesen, da sie sich Aufschluß über eine langjährige Freundschaft verschaffen wollte. Sie zog die folgenden Runen:

3	2	1
	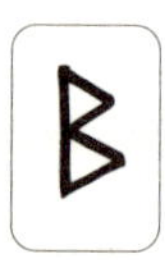	
Jera Jahr, Ernte	*Berkana* Wachstum, Geborgenheit	*Gebo* Gabe, Gastfreund-, schaft, Ehe, Opfer

Dem war zu entnehmen, daß sie der langjährigen Beziehung zu ihrem Freund letztendlich ihre Selbständigkeit opfern und ihn heiraten würde. Sie ist jetzt, trotz ihrer anfänglichen Zweifel über die Ehe, froh, daß sie diesen Schritt gewagt hat. Mittlerweile ist sie übrigens schwanger.

Das Orakel der neun Runen

Wahrsagen mit Runen hat einige Vorteile gegenüber dem Tarot, I Ging und anderen Arten des Prophezeiens, denn das Werfen und Interpretieren der Runen ist nicht nur unkompliziert, sondern geht auch ziemlich schnell.

Der Runenmeister breitet seine 24 Steine auf dem geglätteten Runentuch aus, das auf einem flachen Untergrund liegt, und mischt sie verdeckt, wie man es zum Beispiel mit *Scrabble*- oder Dominosteinen tut. Der Fragesteller wählt 9 der 24 Runen aus, und während er sich auf seine Frage konzentriert, mischt er sie ruhig in seinen hohlen Händen. Dann wirft er sie, nicht zu kräftig, jedoch auch nicht zu sanft, auf die drei konzentrischen Kreise des Runentuches.

Warum neun Steine? Eine gute Frage. Manche Runenleser halten am Brauch der traditionellen zwölf Runen fest oder sogar an allen 24 Steinen, andere hingegen stellen die Anzahl der Runensteine mit Hilfe eines numerologischen Systems fest. Es gibt keine festen Regeln, in der Praxis hat sich jedoch gezeigt, daß neun Steine oder Stäbe erstens auch in die kleinsten Händen passen, zweitens können sie leicht in den hohlen Händen gemischt werden, und drittens erteilen sie ausreichend Information, um detailliert und eingehend aus ihnen lesen zu können.

Es gibt auch einen überzeugenden traditionellen Grund, neun Steine zu verwenden: Im Mythos hängte sich Odin kopfüber an einem Zweig des Lebensbaums Yggdrasil über der Quelle der Weisheit auf, da er lernen wollte, in die Zukunft zu schauen. Es kostete ihn neun lange Tage und Nächte in dieser unbequemen Lage, ohne zu essen oder zu trinken, bis er die Weisheit der Runen entdeckte. Wenn ein Runenleser von dieser Weisheit lernen will, sollte er aus Respekt vor dieser Leistung neun Steine wählen: einen für jeden Tag, den Odin über der Quelle der Weisheit hing.

Über die Anwendung der Numerologie, die viele Runenleser praktizieren, sollte gut nachgedacht werden. Denn Numerologie ist eine Wahrsagemethode, die zeitlich gesehen vom kulturellen Ursprung der Runen weit entfernt ist. Dennoch können viele Runenleser dank dieser Methode (Wahl der Anzahl der Steine) ihrer Deutung eine persönlichere Note hinzufügen.

Der Vollständigkeit halber zeige ich nachstehend den Zusammenhang zwischen Zahlen und Buchstaben:

1	2	3	4	5	6	7	8	9
A	B	C	D	E	F	G	H	I
J	K	L	M	N	O	P	Q	R
S	T	U	V	W	X	Y/IJ	Z	

Obenstehendes Schema funktioniert folgendermaßen: Der Wahrsager sucht die Zahlen, die mit den einzelnen Buchstaben des Namens des Fragestellers korrespondieren und addiert die festgestellten Werte sowie das Geburtsdatum des Fragestellers. Das Ergebnis muß durch Quersummenbildung zu einer Zahl vereinfacht werden, die nicht zweistellig ist:

> *Beispiel:*
> Angenommen, der Runenleser will die Anzahl der Runensteine, die er verwenden will, für Frans Silleman feststellen, der am 1. Februar 1960 geboren ist.

FRANS		SILLEMAN		12 1960
6+9+1+5+1	+	1+9+3+3+5+4+1+5+		1+2+1+9+6+0
= 22 = 2 + 2 = 4 +		= 31 = 3 + 1 = 4	+	= 19 = 1 + 9 = 1(0)
		= 4 + 4 + 1 = 9 Steine		

Frans Silleman, der die neun Steine langsam in seinen Händen mischt, konzentriert sich auf die Frage, die er stellen will, bevor er die neun Runen nacheinander auf das Runentuch wirft.
Wenn die Steine auf dem Tuch liegen, prüft der Runenleser, wie die Steine liegen: Gibt es Steine, die verdeckt liegen, auf die Seitenfläche

gefallen sind oder einander berühren und sich überlappen? Ist ein auffälliges Muster erkennbar?

Sind beispielsweise mehrere Runen in das *Reich des Verstandes* oder des *Gefühls* gefallen, oder liegen mehrere Runen im *Reich der Praxis* oder der *Intuition*? Es klingt schwieriger, als es ist, im Grunde läuft es nur auf genaues Beobachten hinaus.

Im allgemeinen fallen die meisten Steine als Gruppe dicht beieinander. Diese Runen sind die Hauptgruppe und von größter Wichtigkeit, denn sie weisen auf die brennendsten und drückendsten Probleme oder Belange des Fragestellers hin. Aus den Mustern, die sich aus der Lage ergeben, in die die Steine gefallen sind, liest der Runenleser die Zusammensetzung des Wurfs ab. Er erkennt die Hauptgruppe, die sekundäre Gruppe oder sekundären Gruppen und/oder die einzelnen Steine.

Die Reihenfolge, in der die einzelnen Runen einer Gruppe gelesen werden müssen, kann man meistens feststellen, indem man von dem Stein ausgeht, der am dichtesten beim Fragesteller liegt, und bei dem endet, der am weitesten von ihm entfernt liegt. Die Gruppe, die die meisten Steine enthält, ist die *Hauptgruppe*. Die Richtung, aus der die Runensteine geworfen wurden, liefert den entsprechenden Hinweis.

Bei demselben Wurf können sich *sekundäre* Gruppen bilden, die nur zwei oder drei Steine enthalten. Sie sind meistens ein Hinweis auf Dinge, deren sich der Fragesteller nur halb bewußt ist.

Manchmal fällt *ein einzelner Stein* getrennt von den anderen auf das Tuch. Außer der Bedeutung der Rune und der Stelle, an der sie liegt, deutet ein solcher Stein auf ein einmaliges Ereignis hin, das für den Fragesteller jedoch wichtig ist, da es einen tiefen Eindruck auf ihn gemacht hat.

Verdeckte Steine zeigen, daß sich der Fragesteller (noch) nicht ganz der Bedeutung einer Situation, die die Rune symbolisiert, bewußt ist.

Manchmal landet ein Runenstein beim Wurf auf der Seitenfläche. Die einfachste Erklärung hierfür lautet, daß das Resultat noch völlig ungewiß ist, die Bedeutung der Rune spielt hierbei keine Rolle. Wenn ein Runenstein, der auf der Seitenfläche steht, sich innerhalb einer

Gruppe anderer Steine befindet, kann dies, je nach Inhalt der Gruppe, die Kraft des Ganzen betonen, jedoch auch untergraben. Darum ist eine eingehende Untersuchung des Standortes dieses Steins auf dem Runentuch von größter Wichtigkeit.

Ein letzter und wichtiger Punkt ist, daß nicht alle Steine einwandfrei in eines der sechs Felder fallen. Manche landen zur Hälfte in einem und zur Hälfte in einem anderen Feld, oder liegen mit einer Ecke auf der Grenze eines Feldes. In solchen Fällen hat die Rune eine doppelte Tendenz, und ihre Lage muß genau geprüft und mit dem Lesen der übrigen Steine in Einklang gebracht werden.

Wenn die Berkana-Rune, die u.a. das Familienleben direkt beeinflußt, halb in den Kreis *Veranlagung* und halb in den der *Umstände* fällt, kann dies z.B. ein Hinweis darauf sein, daß Familienzuwachs der Familie des Fragestellers zugute kommen kann.

Wenn die Rune Naudiz, die u.a. Warnungen zum Lebenslauf symbolisiert, zum größten Teil im *Gefühlsbereich* des Rings der Wünsche und Verlangen liegt und eine Ecke des Steins im Ring der *Umstände*, kann dies bedeuten, daß die Pläne des Fragestellers wahrscheinlich undurchführbar sind, da sie noch nicht ausgereift sind.

Beispiel für das Lesen der Runen

Eine meiner Schülerinnen wollte eine Bildungsstätte für minderbegabte Mädchen gründen, hatte jedoch nur beschränkte Mittel zur Verfügung. Das Verhandeln über Zuschüsse und Genehmigungen etc. kosteten viel Zeit, Energie und Geduld. Auch ihre neue Beziehung, in die sie sich verwickelt hatte, beanspruchte viel Zeit und Aufmerksamkeit. Sie warf die folgenden Runen:

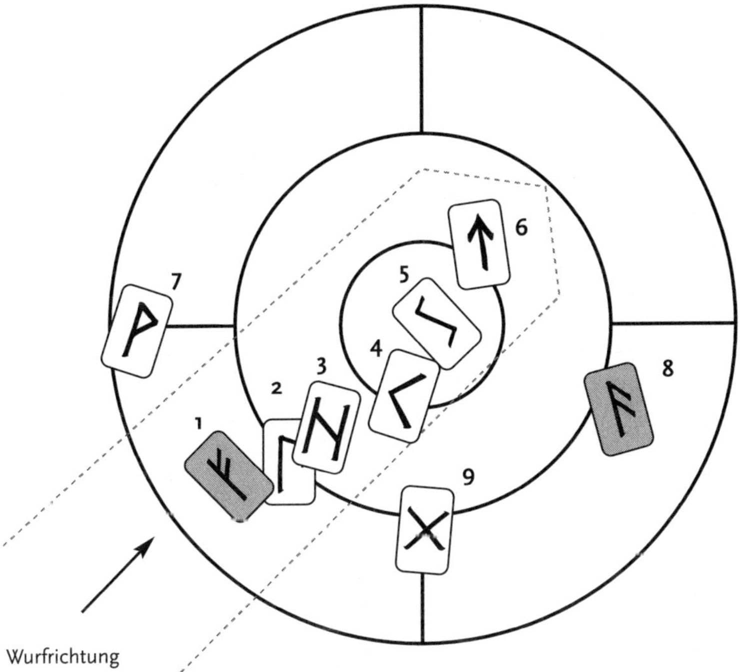

Die Reihenfolge, in der die Runensteine geworfen wurden:

1. Stein:	*Fehu,* Rune Nummer 1
2. Stein:	*Uruz,* Rune Nummer 2
3. Stein:	*Hagalaz,* Rune Nummer 9
4. Stein:	*Kenaz,* Rune Nummer 6
5. Stein:	*Sowild,* Rune Nummer 16
6. Stein:	*Tiwaz,* Rune Nummer 17
7. Stein:	*Wunjo,* Rune Nummer 8
8. Stein:	*Ansuz,* Rune Nummer 4
9. Stein:	*Gebo,* Rune Nummer 7

(Die Steine, die beim Werfen *verdeckt* auf das Tuch gefallen sind, sind grau eingezeichnet)

Die Hauptgruppe besteht aus den Steinen 1 - 6

Position 1: *Fehu* (Rune Nummer 1 - Reichtum sammeln) liegt verdeckt im Praxisbereich im Ring der Wünsche und Verlangen. Dies deutet auf den Wunsch hin, etwas Konkretes zu unternehmen, das jedoch nicht unbedingt unmittelbar zu sichtbaren Resultaten führt.

Position 2: *Uruz* (Rune Nummer 2 - die Kraft, Hindernisse und Widerstand zu beseitigen) liegt sowohl im Praxisbereich im Ring der Wünsche und Verlangen als auch im Ring der Umstände. Das bedeutet, daß es ziemlich viel Zeit kosten kann, bevor ihre Aktivitäten zu Resultaten führen, sie wird jedoch nicht aufgeben und weiterhin hart daran arbeiten.

Position 3: *Hagalaz* (Rune Nummer 9, die unkontrollierbare antagonistische Einflüsse symbolisiert) liegt im Ring der Umstände. Das bedeutet, daß ihr Streben in ihrem Umkreis auf unvorhergesehene Feindseligkeiten stoßen wird.

Position 4: *Kenaz* (Rune Nummer 6 - Wiederherstellung der Willenskraft und des Selbstvertrauens) liegt zum Teil im Ring der Umstände und halb im Kreis der Veranlagung. Dies untermauert den Gedanken, daß sie nur dank ihres persönlichen Einsatzes Erfolg haben wird und daß sie volles Vertrauen in ihre Aktivitäten hat, da sie ihrer inneren Veranlagung entspringen.

Position 5: *Sowild* (Rune Nummer 16 - Vitalität und gute soziale Kontakte) liegt im Kreis der Veranlagung. Das bedeutet, daß sie warm, lebendig und charmant wirkt und daß man sie sympathisch findet. Sie muß allerdings auf Betrug gefaßt sein.

Position 6: *Tiwaz* (Rune Nummer 17 - Widerstand brechen und Sieg der Gerechtigkeit) liegt größtenteils im Ring der Umstände und mit einem Zipfel im Kreis der Veranlagung. Dies beinhaltet, daß sie beharrlich und mutig ihre Standpunkte verteidigt und jeden Widerstand überzeugend aus dem Weg räumt.

Die Bedeutung dieser Hauptgruppe:

Wenn sie mit ihren Aktivitäten Erfolg haben will, muß sie ihre Pläne ständig überdenken. Sie muß sich sehr ernsthaft dafür einsetzen und zuviel Zeitvertreib meiden. Überdies muß sie mit viel Widerstand und unerwarteten Enttäuschungen rechnen. Dennoch wird sie dank ihres praktischen Denkens, ihrer Beharrlichkeit und Begeisterung die meisten Hindernisse überwinden können.

Die einzelnen Steine:

7. *Wunjo* (Rune Nummer 8 - Freude und Erfüllung von Wünschen) liegt halb im Reich des Verstandes und halb im Reich der Praxis im Ring der Wünsche und Verlangen. Das bedeutet, daß sie bei der Ausführung ihrer Pläne ihren Verstand gut gebraucht und die Realität nicht aus den Augen verliert.

8. *Ansuz* (Rune Nummer 4, Examen bestehen und Kenntnisse erwerben) liegt verdeckt, und zwar größtenteils im intuitiven Bereich des Ringes der Wünsche und Verlangen und mit einer Ecke im Ring der Umstände. Das bedeutet, daß sie sich, ohne sich dessen bewußt zu sein, größtenteils von ihrer Intuition leiten läßt, wenn sie wichtige Entscheidungen fällen muß. Dies ist ein Risikofaktor.

9. *Gebo* (Rune Nummer 7, Gaben, Gastfreundschaft, Partnerschaft und Aufopferung sowie Förderung der Harmonie in persönlichen Beziehungen). Diese Rune liegt teilweise im praktischen und intuitiven Bereich des Rings der Wünsche und Verlangen und überdies zum Teil im Ring der Umstände. In diesem Fall sieht es danach aus, daß die schwer umkämpfte Bildungsstätte im Falle einer gemeinsamen Leitung oder einer Partnerschaft mehr Erfolg haben könnte.

Zusammenfassung dieses Runenorakels

Die Fragestellerin wird in der nahen Zukunft keine großen Erfolge erzielen, dazu muß sie zuviel Widerstand brechen. Was sie auch unternimmt, es wird viel Zielstrebigkeit, Entschiedenheit und harte Arbeit erfordern. Es werden sich oft Hindernisse, Verwirrungen und Aufregungen ergeben, die sie klug und findig beseitigen kann. Doch wären viele ihrer unmittelbaren Probleme gelöst, wenn sie eine Vereinbarung über Zusammenarbeit treffen oder eine Partnerschaft mit ihrer neuen Beziehung eingehen würde.

Anhang A

Kurzübersicht der 24 Runen

Nr.		*Name*	*Lautwert*	*Bedeutung und Anwendung*
1	ᚠ	Fehu	f	*Vieh, Wohlstand,* Reichtümer Erwerben und Schutz des Besitzes
2	ᚢ	Uruz	u	*Auerochse, Kraft* Hindernisse beseitigen und seinen Willen durchsetzen
3	ᚦ	Thurisaz	th/d	*Dorn, Riese, Chaos* persönlicher Schutz gegen Unterminierung und Korruption
4	ᚨ	Ansuz	a	*einer der Götter, Mund* Stärkung des Kommunikationstalents, Prüfungen bestehen sowie Kenntnisse und Weisheit erwerben
5	ᚱ	Raido	r	*Rad, Reisen, Beziehungen* neue Einsichten, Schutz der Schiffe oder eine gute Reise
6	ᚲ	Kenaz	k	*Licht, Fackel* mehr Selbstvertrauen, inspirierende Auffassungen und künstlerische Begabung
7	ᚷ	Gebo	g	*Gabe, Gastfreiheit, Ehe,* Aufopferung. Harmonie in persönlichen Beziehungen schaffen

8	ᚹ	Wunjo	w/v	*Freude, Erfüllung von Wünschen* Glück und geistiges Wachstum
9	ᚺ	Hagalaz	h	*Hagel, Schneestürme, Samen, Ei* sich auf unerwartete antagonistische Einflüsse vorbereiten
10	ᚾ	Naudiz	n	*Schicksal, Zeit, Bestimmung* sich auf langfristige Ziele oder auf Hilfe in aussichtslosen Situationen einstellen
11	ᛁ	Isa	i	*Eis, Isolation, Stillstand* das Schaffen stabiler Situationen, Wutanfälle unterdrücken und provozierend aggressives Benehmen beruhigen
12	ᛃ	Jera	j/y	*Jahr, Ernte, zyklische Veränderungen*n Ereignisse kulminieren lassen, Erfüllung hochgespannter Erwartungen
13	ᛇ	Eihwaz	e	*Lebensbaum, Ausdauer* schwierige Situationen beseitigen Und Probleme lösen
14	ᛈ	Perth	p	*Geheimnisse, Sorglosigkeit* verlorene Gegenstände wiederfinden und erfolgreiche, intuitive finanzielle Spekulationen
15	ᛉ	Algiz	z	*Bogen, Verteidigung, Schutz* schädliche Einflüsse und drohende Gefahr beseitigen
16	ᛊ	Sowild	s	*Sonne, Lebenskraft, Kern, Herzchakra* die Gesundheit verbessern, Vitalität und sexuelle Potenz

17	ᛏ	Tiwaz	t	*beharrlich und mutig, der Polarstern* Widerstand brechen und Sieg der Gerechtigkeit
18	ᛒ	Berkana	b	*Wachstum, Schwangerschaft, Geborgenheit, Birke* Fruchtbarkeit, Familienangelegenheiten, Liebesbeziehungen und beruflicher Werdegang
19	ᛖ	Ehwaz	e	*Pferd, Bewegung, Fortschritt* Wachsamkeit bei der Gewöhnung an schnelle Veränderungen
20	ᛗ	Mannaz	m	*Mensch, Zusammengehörigkeit, geistige Entwicklung* Wohlwollen erwerben und neue soziale Kontakte knüpfen
21	ᛚ	Laguz	l	*Wasser, Meer, Sumpf, Lagune* paranormale Fähigkeiten entwickeln
22	ᛜ	Inguz	ng	*Vollendung, Erweiterung, Neuanfang* inneres Gleichgewicht, aus dem Trott herauskommen und Befreiung von sich wiederholenden frustrierenden Situationen
23	ᛞ	Dagaz	d	*Tageslicht, Hoffnung, Vertrauen, Durchbruch* ein Neuanfang mit vielversprechenden Möglichkeiten
24	ᛟ	Othial	o	*Erbe, Ländereien, Traditionen* Dinge regeln wie Besitz, Vermächtnisse und andere Eigentümer

Die Reihenfolge der letzten zwei Runen (Nummer 23 und 24) ist austauschbar.

Die neun Welten und die Wohnsitze der Götter

Auf Seite 138 finden Sie eine schematische Darstellung der neun Welten des Lebensbaums, die miteinander in Verbindung stehen. Wir sehen, daß fünf Welten eine vertikale kosmische Achse bilden, deren Mittelpunkt Midgardr ist. Diese Achse wird von vier sehr dynamischen Kraftfeldern gekreuzt. Diese vier Felder drehen sich um die zentrale Achse und strahlen ihren Einflußbereich auf die übrigen Welten aus. Jede dieser Welten besaß eine eigene Identität, jede hatte ihre eigene Funktion und Realität, sie wirkten jedoch zusammen und bildeten das Universum der nordischen Völker.

Die fünf Welten, die die vertikale Achse des Schemas bilden, heißen von oben nach unten: *Asgard, Ljossälfsheim, Midgard, Svartälfheim* und *Helheim;* den Bereich der vier Kraftfelder hingegen bilden *Vanaheim, Jötunheim, Muspellsheim* und *Niflheim.*

Die Götter plazierten die Erde in die Mitte des Universums und nannten sie Midgard (mittlere Welt). Sie wurde der Wohnort der *Menschen.* Sie gossen ein Meer um sie herum und schützten sie gegen Flutwellen und Invasionen der *Riesen,* indem sie sie mit einer Schutzmauer umgaben.

Die Riesen wohnten ganz im Osten, an der Küste von Jötunheim, das auch Utgard genannt wurde. Westlich von und über Midgard lag Vanaheim, der Wohnsitz der weisen, strahlenden Vanen, eines Göttergeschlechts, das nach dem erbitterten Kampf mit den Asen ein stabiles Bündnis mit ihnen schloß.

Svartälfheim, der Wohnsitz der *schwarzen Elfen,* befand sich unter der Erde, wahrscheinlich in den düsteren Tälern, die zum Fluß führten, der das Reich der Toten von dem der Lebenden trennte. Dieses *Reich des Todes,* Helheim, hatte enge Beziehungen zur nordischen *Dunst- und Nebelwelt* Niflheim.

Im Süden lag Muspellsheim, die Feuerwelt, über die Surtr mit seinem flammenden Schwert herrschte und wo die *Söhne des Muspells* wohnten. Über Midgard lag das Land der freundlichen *Lichtelfen,* Ljossälfsheim, im sonnigen Äther.

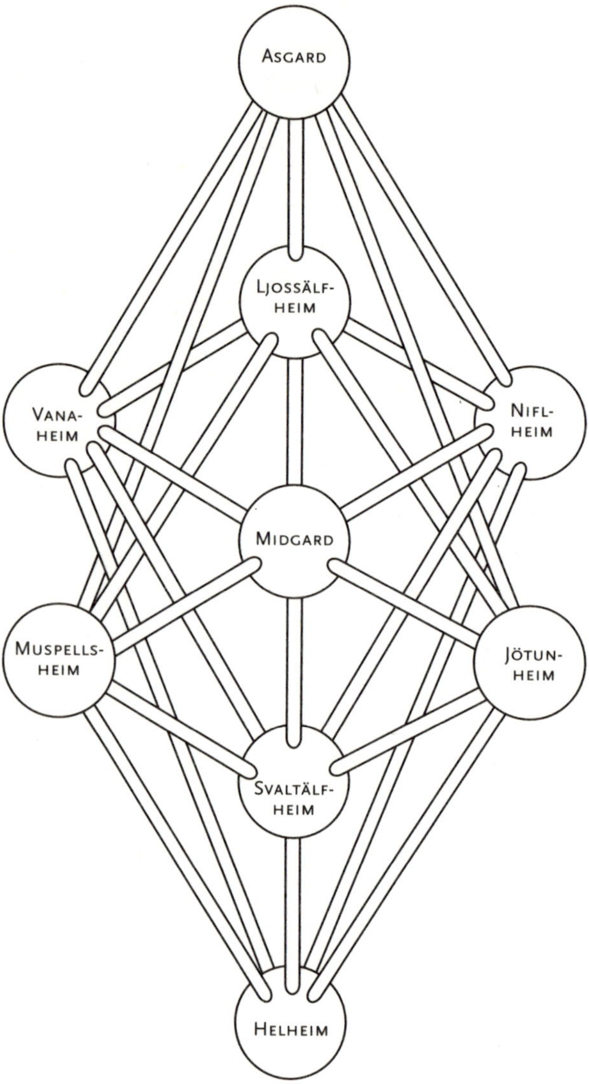
Asgard
Ljossälf-
heim
Vana-
heim
Nifl-
heim
Midgard
Muspells-
heim
Jötun-
heim
Svaltälf-
heim
Helheim

In noch größerer Höhe als Ljossälfsheim gründeten die *Asen* ihr starkes Reich Asgard, in dem ewiger Frühling herrschte und dessen Gold und Edelsteine glänzten und funkelten. Der breite Fluß Ifing trennte Asgard zwar vom Gebiet der Riesen (Jötuns), er bot jedoch nicht genug Schutz gegen ihre ewigen Invasionen; die Riesen waren nicht nur aggressiv, sondern auch gute Zauberer, mit ihren Zaubereien konnten andere in Situationen geraten, die ihnen Schaden zufügten.

Die Wohnsitze der Götter

Die Götter bauten in *Asgard*, das im Wipfel des *Yggdrasil* lag, Schlösser und Paläste, die wie Sterne strahlten. Es heißt, daß es zwölf dieser himmlischen Paläste gab, was ihre Beschreibung anbelangt, widersprechen sich die Überlieferungen jedoch.

Hoch über Asgard befand sich *Hlidskialf* (Schwingtür), der Thron des Odin, von dem aus der Allvater Ausschau hielt und die Welten sowie die Tätigkeiten der Menschen, Elfen und Riesen beobachtete.
Die Paläste der übrigen Asen waren:

Bilskirnir (gleißender Blitz), der Wohnsitz des Thor, war 540 Stockwerke hoch und lag auf seinem Landgut Thrudvang (Kraftfeld).

Ydalir (Taxustal), in dem Ullr lebte, der Schlittschuh laufende Bogenschütze.

Valaskialf, der silberne Wohnsitz von Odins strahlendem Sohn Vali, der innerhalb weniger Stunden nach seiner Geburt zu einem kräftigen jungen Mann heranwuchs und den blinden Hödr, Herrscher über die Finsternis, besiegte. Mit dieser Tat rächte er den von Hödr getöteten Sonnengott Baldr. Zum Dank schenkten die Göttern ihm einen Palast mit einem glitzernden Silberdach.

Der Kristallpalast *Sökkvabekk* (Zeitstrom) war der Wohnsitz der Saga, der Göttin der Geschichte, von dem die Edda erwähnt, daß kühle, plätschernde Bäche sich einen Weg durch das grüne Landgut bahnten; Odin und Saga saßen in der Ruhe des Palastinneren auf ihrem Thron und tranken Tag für Tag aus goldenen Bechern. Saga lebte in diesem Palast und sang, vom murmelnden Wasser begleitet, über die großartigen Taten der Götter und Helden, bis die Flammen von Surtrs Schwert die neun Paläste und alle anderen Wohnsitze der Götter vernichteten. Da erhob sie sich und gesellte sich zu den Überlebenden, die dem Feuer und dem Schwert entkommen waren, floh mit ihnen zu den Bewohnern Skandinaviens und sang für sie, in einer ihnen unbekannten Sprache, über die mutigen und rühmlichen Taten der Götter und Helden. Zum Glück sind ihre Lieder nicht verlorengegangen, ohne eine Spur zu hinterlassen; manche wurden in der Edda niedergeschrieben und sind ein poetischer Schatz, der nie mehr verlorengehen kann.

Der fünfte Palast hieß *Gladsheim* (strahlendes Haus); er gehörte dem Göttervater und beherbergte Walhalla, den Wohnsitz der tapferen gefallenen Krieger, der 500 Türen hatte. Das funkelnde Gebäude war vom goldblättrigen Wald Glasir umgeben.

Vom Palast *Thrymheim* (Donnerhaus), in dem Skadi lebte, die Tochter des getöteten Riesen Thiazzi, wurde anfänglich angenommen, daß er in Jötunheim stand, die überlieferten Lieder siedelten ihn jedoch in Asgard an.

Im Palast *Breidablick* (weite Aussicht), in dem der glorreiche Bladr wohnte, war es unmöglich, Böses zu denken oder zu tun.

Heimdall, der Wächter der Götter und der Regenbogenbrücke nach Asgard, residierte in *Himinbjörg* (Halle des Himmels), wo der gesegnete Gott süßen Met trank.

Folkvangr (Volksbetreuer), das neunte Schloß, gehörte der mächtigen Göttin Freyja. Hierher brachte sie die Hälfte der auf dem Schlachtfeld gefallenen Helden und heilte ihre Wunden.

In *Glitnir* (glänzendes Haus) wohnte Forseti (Vorsitzender). Laut isländischen Quellen war er ein Sohn des Baldr und der Nanna. Er war der ehrwürdigste aller Richter. Er fällte Urteile in den verschiedensten Prozessen, trat als Schiedsrichter auf und half dabei, Streitigkeiten zu schlichten.

Noatun (Werft) war das Schloß des hochverehrten Njörd, eines der Vanen, die von den Asen aufgenommen wurden. Er war der Schirmherr der Schiffe auf dem Meer und wurde meistens als Sturmgott verehrt.

Saga nannte als zwölften himmlischen Wohnsitz auch den Palast *Landvidi* (weite Ebene), in dem Odins schweigsamer Sohn Vidarr bei der Riesin Grid wohnte. Vidarr trug ständig einen eisernen Schuh an seinem rechten Fuß. Er sollte in der letzten Weltschlacht (Ragnarök) in einem Kampf mit dem reißenden Fenriswolf den Tod seines Vaters rächen, wobei ihm der eiserne Schuh sehr gelegen kam.

Was die mythologische Bedeutung der genannten himmlischen Paläste anbelangt, kann man davon ausgehen, daß sie den Sternbildern der Tierkreiszeichen entsprachen. Das erscheint um so glaubwürdiger, als keiner der genannten Paläste dem gerechten Gott Tyr zugewiesen war, auch *Wingolf*, der Wohnsitz der Göttinnen, kommt nicht vor, und sogar *Fensalir* (Moorsäle), der Palast der Gemahlin Odins, der innig geliebten Göttin Frigg, fehlt.

Ullr zum Beispiel, der *Ydalir* bewohnte, war nicht nur der Gott des Bogenschießens, sondern auch ein leidenschaftlicher Schlittschuhläufer, den man meistens auf dem silbrigen Eis antraf. Er herrschte als Beschützer der Jagd, wenn die Sonne im Winter im Tierkreiszeichen des Schützen stand.

Freyr war sein Patenkind, und als er seine ersten (goldenen) Zähne bekam, schenkten ihm die Götter zu dieser Gelegenheit die Herrschaft über *Ljossälfsheim* - den Wohnsitz der Lichtelfen, der über Midgard lag -; Freyrs Palast in Asgard wird jedoch an keiner Stelle erwähnt.

Der Lichtgott wurde während der Wintersonnenwende wiedergeboren. Das Yulefest wurde zu Ehren der längerwerdenden Tage und der Ankunft des Lichts mit Speise, Trank und Heiterkeit gefeiert. Dann wurde Freyrs Reittier, ein Eber, der sich ständig erneuerte, geopfert und die Trinkhörner wanderten von Hand zu Hand.

Mit *Valis* Palast, der ein funkelndes Silberdach hatte, wurde das Sternbild Wassermann angedeutet, oder die Jahreszeit, in der Schnee und Eis Berge und Täler überziehen und das noch schwache Licht sie in einen kühlen Silberglanz hüllt.

Wie dem auch sei, die Ansicht, daß die Wohnsitze der Götter den Sternbildern der Tierkreiszeichen entsprachen, scheint eine einleuchtende Theorie zu sein.

Register der mythologischen Namen und Begriffe

Vorbemerkung: *Um das Auffinden der mythologischen Inhalte und Entsprechungen zu erleichtern, werden einige Darstellungen in diesem alphabetischen Verzeichnis und an anderen Stellen des Buches wiederholt.*

Ägir - der Meeresgott, der dank seiner Aufnahme bei den Asen (Göttergeschlecht) einige Bedeutung erlangte. Seine Frau Ran (Raub) war eine aasfressende Dämonin, die Ertrunkene verschlang. Seine neun Töchter verkörperten die Meereswellen, die den Seefahrern bei schweren Stürmen ihre Umarmung darboten.

Alsvidr (Schnelläufer) - war eines der Pferde des Gespanns - das andere Pferd hieß Arvakr (Frühauf) -, die den Triumphwagen der Sonnengöttin Sunna oder Sol auf ihrer täglichen Reise über den Himmel zogen. Die Triumphwagen von Sunna und Mani wurden unaufhaltsam von zwei jungen Wölfen verfolgt, Nachfahren des Fenriswolfs. Jarnsaxa, eine alte, menschenfressende Riesin, zog sie in Utgard auf, damit sie, sobald sie groß und stark waren, die Sonne und den Mond verschlingen konnten. *Siehe* Ragnarök, Fenriswolf, Utgard, S. 42, 66, 86.

Andhrimnir - der Koch, der den Einheriar (Odins Seelenheer) in Odins/Wotans Kriegerparadies Walhalla jeden Abend Fleisch des Ebers Saehrimnir bereitete, der sich ständig erneuerte. *Siehe* Odin, Freyr, S. 36, 70.

Angrboda (Unheilsbotin) - die Frau des Utgarda-Loki und die Mutter aasfressender Dämonen, wie des Fenriswolfs, der bösen Schlange Nidhöggr, sowie der Sonnen- und Mondwölfe. *Siehe* Loki, Jötunheim/Utgard, S. 32, 66.

Arvakr - eines der Pferde des Gespanns, das den Triumphwagen der Sonnengöttin Sunna über das Himmelsgewölbe zog.

Asen - dies war der Name, mit dem die nordischen Völker ihr Götterpantheon bezeichneten. Die meisten Stämme verehrten im allgemeinen drei Götter: Odin (Wotan), Thor (Donar) und Tyr (Saxnot). Die Stellung des letztgenannten nahm später meistens Freyr ein.

Außer diesen männlichen Göttern wurden auch die Göttinnen Freyja und Frigg verehrt. Sie galten beide als Göttinnen der Liebe. *Siehe* Odin, Thor, Tyr, Freyja, Frigg, S. 36, 24, 90, 50, 94.

Asgard - das Reich der Götter, in dem ewiger Frühling herrschte und dessen Gold und Edelsteine glitzerten und funkelten. Es war von großen Flüssen mit messerscharfen Schwertern umgeben, wachsame Hähne bewachten die Tore. Bifröst (Regenbogen) war der Name der Brücke zwischen Asgard und der Menschenwelt Midgard, auf ihr hielt Heimdall Wache.
Diese dichtbesiedelte, facettenreiche Welt symbolisierte das Gebiet des Geistes in seiner ganzen Vielfalt, von der höchsten Form des Bewußtseins bis hin zur magischen Persönlichkeit. Hier war auch Walhalla untergebracht, wo Odin das Zepter über das Heer der gefallenen Helden führte. *Siehe* Heimdall, Walhalla, Odin, Freyja, Valkyrjur (Walküren), S. 82, 36, 50.

Ask und Embla - der erste Mann und die erste Frau wurden von Odin, Hönir und Lodur (Loki) aus zwei umgestürzten Bäumen erschaffen. Andere Überlieferungen berichten, daß die ersten zwei Menschen, die bis dahin noch ungeboren im Schoß der Zeit schliefen, aus den Augenbrauen des Riesen Buri (Erzeuger) erschaffen wurden. Odin blies ihnen Leben ein, Hönir gab ihnen Seele und Verstand, und Lodur (Loki) schenkte ihnen Blut und Farbe. Andere Quellen erwähnen, daß Odin und seine Söhne Vili und Vé diese Handlungen verrichteten. Der Mann wurde Ask (Esche) und die Frau Embla (Ranke) genannt. Von ihnen stammt angeblich die Menschheit ab. *Siehe* Odin, Loki, S. 36, 32.

Audumla - die Kuh Audumla war das Sinnbild des Überflusses. Sie ernährte sich von Reif, den sie von den Felsen des Abgrundes Ginnungagap, dem gähnenden Nichts, leckte, wodurch die Felsen beseelt wurden. In ihnen entstand Leben, der Riese Buri (Erzeuger) wurde geboren, der der Stammvater der Rasse der Eisriesen (Hrimthurses) wurde. Wie Ymir, der Ureisriese, zeugte auch dieses Urwesen - ohne Befruchtung - Nachkommen. *Siehe* S. 28.

Baldr - war ein Sohn des Odin und der Frigg. Sein Charakter glich am meisten dem des griechischen Gottes Apollo. Kein Gott konnte ihm an Weisheit oder Güte gleichkommen; jeder, der ihn hörte oder sah, liebte ihn sofort. Loki stiftete seinen Bruder Hödr, den blinden

Gott der Nacht, dazu an, ihn hinterhältig zu töten. Baldr lebte mit seiner Frau Nanna im Schloß Breidablick. *Siehe* Baldr, Loki, S. 54, 32.

Berchta - eine Göttin, die mit Freyja/Frigg verwandt war. Sie wurde als Spinnerin und mit Plattfüßen dargestellt, einer Berufskrankheit der Spinnerinnen. Sie bestrafte faule Mädchen, deren Garn sie verwirrte und mit Pech verschmutzte, oder sie warf ihre Spindeln aus dem Fenster. Sie war auch unter dem Namen Weiße Frau bekannt. *Siehe* Frigg, Berchta, Holle, S. 94.

Bergelmir - ein Sohn des Urriesen Ymir. Bergelmir und seine Frau entkamen der nordischen Sintflut in einem Boot. Die Sintflut wurde von den Göttern verursacht, die den wetternden Riesen Ymir getötet und seinen riesigen Körper in das schäumende Wasser des Ginnungagap geworfen hatten. *Siehe* Audumla, S. 28.

Bergriesen - das Geschlecht der Bergriesen (im hohen Norden auch Trolle genannt) entwickelte sich neben dem der Eisriesen. Es waren hervorragende Baumeister, die die Asenburg der Götter restaurierten, die im Krieg der Asen und Vanen schwer beschädigt worden war. Bolthorn war der Stammvater der Bergriesen. *Siehe* Svadilfari, S. 98.

Bestla - die Schwiegertochter des Urriesen Ymir und Frau des Riesen Börr. Bestla und Börr waren die einzigen Überlebenden der Sintflut; sie wurden die Stammeltern eines neuen Riesengeschlechts, das sich in Jötunheim im Osten niederließ. *Siehe* Audumla, S. 28.

Bifröst (Regenbogen) - die Brücke zwischen Himmel und Erde, oder die Verbindung zwischen Asgard und Midgard, auf der der scharfsehende und hellhörige Heimdall Wache hielt. Thor durfte sie nicht benutzen, da er sie mit seinen dröhnenden Schritten beschädigt hätte, er mußte durch den Fluß waten. Die Asen hingegen überquerten die Brücke täglich, um zum Gerichtsplatz bei Urds Quelle der Weisheit zu gelangen. *Siehe* Asgard, Heimdall, Ragnarök, S. 82, 102, 118.

Bilskirnir - der Palast mit 540 Stockwerken, den der Gott Thor/Donar bewohnte, wenn er nicht unterwegs war, um seinen unablässigen Kampf gegen aggressive Riesen zu führen. *Siehe* Thor/Donar, S. 24.

Bolthorn (Dorn des Bösen) - Großvater des Odin und Vater der Bestla und des Mimir. Er war der Stammvater der Bergriesen.

Börr oder Buri (der Erzeuger) - Sohn des Urriesen Ymir. *Siehe* Audumla, Bestla, S. 28.

Bragi - der Dichter Bragi war ein Sohn des Odin und der Riesin Gunnlöd. Er war der Skalde Bragi mit der goldenen Harfe, der in der Mitte des neunten Jahrhunderts n. Chr. lebte. Die Einheriar (*siehe* dort) verehrten seine vergötterte Gestalt als Gott der Dichtkunst, außerdem war er Odins Ratgeber und Hofskalde.
Andere Quellen erwähnen ihn als Mann der Idun oder Iduna, der Frühlingsgöttin, die die Verjüngungsäpfel der Götter in ihrer Obhut hatte. *Siehe* Idun, Odin, Loki, S. 32, 36.

Breidablick (weite Aussicht) - der Palast des Sonnengottes Baldr, in dessen Sälen es unmöglich war, Böses zu ersinnen oder zu tun. *Siehe* Baldr, S. 54, 32.

Brisingamen - die von den Zwergen Brok und Sindri, Söhne des alten Zwergenkönigs Iwaldur, angefertigte Halskette der Freyja. *Siehe* Zwerge, Loki, Heimdall, Freyja, S. 32, 82, 50.

Brok - einer der Zwerge, die in ihrer unterirdischen Schmiede die erstaunlichsten magischen Gegenstände für die Götter schmiedeten. *Siehe* Zwerge, Loki, Freyr, Donar / Thor, S. 13, 32,46.

Buri (Erzeuger) - Der Riese Buri war der erste Nachkomme des wetternden, chaotischen Urriesen Ymir. *Siehe* Audumla, S. 28.

Donar/Thor - in seiner Urform stand der frühe Donnergott Thor / Donar dem frühen Odin / Wotan nicht nach. Ursprünglich genoß er, vor allem in Skandinavien, mindestens genausoviel Verehrung wie er. Im Laufe der Zeit wurde seine Erscheinung ziemlich roh, er hatte grobe Gesichtszüge, ungehobelte Manieren, wilde rote Haare und Augen, in denen die Kampflust flackerte. Sein magischer Hammer Mjölnir (Zerschmetterer) kehrte wie ein Bumerang in seine Hand zurück, wenn er ihn wegschleuderte; anfänglich inspirierten wahrscheinlich Meteoriteneinschläge die Vorstellung dieses mächtigen Hammers, später glaubte man, daß die Zwerge Brok und Sindri ihn angefertigt hatten. Diese Waffe war übrigens typisch für die fast unbesiegbare

Kraft des Gottes. Ein Speer durchbohrt, ein Beil hackt, ein Hammer jedoch zerschmettert. Loki, der zugleich Freund und Feind der Asen war, sowohl ihr Helfer als ihr Verfolger, leistete Thor oft Gesellschaft. Thor, sein Gegenstück, war einer der wenigen Götter, der auf Lokis hinterhältige Listen etwas Einfluß ausüben konnte; darum zwang er ihn meistens, die kritischen Situationen, die er verursacht hatte, zu beheben oder sonstwie wiedergutzumachen.

Thors Triumphwagen, mit dem er seine kampflustigen Feldzüge gegen die Riesen unternahm, wurde von zwei Böcken gezogen, Tanngnjostr und Tanngrisnir (Zahnkracher und Zahnknirscher). Außer seinem Hammer besaß Thor einen eisernen Handschuh, der ihm eine kräftige, gepanzerte Faust verlieh. Der Gürtel Megingjörd, der ebenfalls zu seinen Attributen gehörte, steigerte seine schier unerschöpfliche Kraft.

Thor besaß nicht nur außerordentliche Kraft, er zeichnete sich auch durch einen übermäßigen Appetit aus sowie durch einen feurigen Blick, dem niemand standhalten konnte. Eines Tages wollte Thor seinen Hammer, den der heuchlerische Unheilstifter Loki dem Riesen Thrymr zugespielt hatte, mit Hilfe einer List zurückbekommen. Er reiste, als Göttin Freyja vermummt, zur Burg Thrymheim (Riesenort), um sich mit dem Riesen zu vermählen. Loki, der diesen Plan geschmiedet hatte, sollte ihm, als Dienstmädchen verkleidet, bei der Zeremonie zur Seite stehen.

Bei dem Festmal, das der Eheschließung voranging, aß Thor zwei Ochsen, acht Lachse sowie alle Gerichte, die für die Frauen bestimmt waren, obendrein trank er drei Fässer Met leer. Der Riese war über den unmäßigen Appetit außerordentlich verwundert, das listige Dienstmädchen Loki hielt jedoch eine Erklärung bereit: "Freyja hat auf der Reise acht Tage und Nächte nichts gegessen, so sehr sehnte sie sich nach Thrymheim." Gerührt wollte Thrymr seine Braut umarmen, als er jedoch ihren Schleier lüftete und ihr in die Augen schaute, traf ihn der feurige Blick Thors, so daß er erschrocken einige Schritte zurückwich. Das Dienstmädchen wußte wiederum Rat: "Freyja hat vor Verlangen acht Tage und acht Nächte nicht geschlafen, die Begierde strahlt aus ihren Augen." Daraufhin ließ Thrymr Thors Hammer holen, um mit ihm die Ehe zu besiegeln. Kaum befand sich der Hammer jedoch in Reichweite der falschen Braut, ergriff Thor ihn und überwältigte Thrymr und sein ganzes Riesengeschlecht.

Auf dem Landgut Thrudvang (Kraftfeld) bewohnte Thor den Palast Bilskirnir (gleißender Blitz), der 540 Stockwerke zählte und der Ausgangspunkt seiner kampflustigen Feldzüge gegen die Riesen war.
Die Römer setzten Thor mit Jupiter gleich, da beide Götter krachende Donnerschläge rollen ließen und feurige Blitze schleuderten. Im Grunde stimmt der römische Gott Mars, was den Charakter anbelangt, am meisten mit ihm überein. Beide waren Kriegsgötter, die ihre Kampflust nur mit Mühe bis zum Startzeichen zügeln konnten, darüber hinaus genossen es beide, den Gegner zu schlagen. Donnerstag ("Donartag") war Thor/Donar geweiht.
In der Ilias erklärte Zeus dem Ares, dem griechischen Mars, daß er ihn für den verachtenswertesten aller auf dem Olymp wohnenden Göttern hielt, da er kein größeres Vergnügen kenne als Streit und Kampf. Odin hätte, nachdem er sich zum Hauptgott entwickelt hatte, Thor dasselbe vorwerfen können. *Siehe* Loki, Hrungnir, Thrymr, S. 24, 32.

Draupnir - Vom goldenen Ring Odins/Wotans, den die Zwerge angefertigt hatten, tropften jede neunte Nacht acht identische Ringe. *Siehe* Odin, Zwerge, Baldr, S. 36, 54.

Edda - bedeutet Urgroßmutter. So nannte Brynjolf Sveinsson, Bischof von Skalholt, den Pergamentkodex, den er 1643 in Island fand, in dem seiner Meinung nach die ältesten Sagen der Normannen in Gedichtform festgelegt waren. Der Schrift nach zu urteilen, datierte sein Fund ungefähr aus den ersten Jahren des 14. Jahrhunderts, die inhaltliche Form jedoch aus der Zeit der blühenden norwegischen Skaldenpoesie, etwa aus dem 10. und 11. Jahrhundert, der Inhalt allerdings aus viel früheren Zeiten. Schon damals schrieb man Saemund Sigfusson dem Weisen nicht nur die Sammlung der großenteils fragmentarischen Lieder zu, man hielt ihn auch für den Verfasser der Ergänzungen in Prosa.
Dieser Saemund, ein Kenner des norwegischen Altertums, lebte angeblich von 1054 bis 1133 in Island. Die Sagen sind übrigens zum größten Teil nicht in Island entstanden, ihr Inhalt ist meist indogermanisch.
Die erste Hälfte der Edda enthält Götterlieder, die entweder romantisierte Erinnerungen an authentische, alte, mythische Lieder sind oder Skaldengedichte in neuer Liedform mit mythischen Fragmenten, die alten Mythen oder Liedern entnommen sind, sowie einzelne Verse aus ihnen. In den Eddaliedern sind die indogermanischen Göt-

termythen bewahrt geblieben: Die Germanen erhielten sie nach der Trennung der europäischen Völker vom Urstamm am Leben, bei den isolierten skandinavischen Stämmen des Muttervolkes entwickelten sie sich weiter.
Nicht alle Götterlieder, die man der Edda gewöhnlich zuschreibt, standen schon in Sveinssons Codex Regius, den die Königliche Bibliothek in Kopenhagen besitzt. Im Gegenteil, zwei neue Lieder stammen aus zwei verschiedenen Kodexen der jüngeren Edda von Snorri Sturluson (1178-1242). In dieser jüngeren Edda werden nämlich sowohl die Sagen der älteren Mythen als auch andere, genauso alte, jedoch in Saemunds Edda nicht erwähnte Mythen in Prosa nacherzählt. Außer Götterliedern kommen darin auch Heldenlieder vor, namentlich die Sagen der Völsungen (Walsungen) und Nibelungen.

Einheriar (einige Herren) - Odins Seelenheer der auf dem Schlachtfeld gefallenen Helden, die in Walhalla wohnten, wo man sie mit dem Met, den die Ziege Heidrun unaufhaltsam produzierte, und dem Fleisch des sich ständig erneuernden Wildschweins Saehrimnir bewirtete. Beim Untergang der Götter (Ragnarök) kämpften sie an der Seite der Götter gegen die Riesen. *Siehe* Odin, Valkyrjur (Walküren), S. 36.

Elfen - waren Wesen, mit denen die Bewohner des Nordens praktisch die ganze Natur bevölkerten. Laut angelsächsischer Quellen gab es Land-, Wasser-, Meeres- und Luftelfen sowie weiße und schwarze Elfen. In englischer Folklore kommen sie vor allem als Lichtelfen vor: kleine listige, plagende, jedoch hilfreiche Geister (vergleiche Puck in Shakespeares Sommernachtstraum und Ariel in Der Sturm). Die Lichtelfen wurden als hübsche kleine Mädchen dargestellt, die sich in der Morgensonne auf taubenetzten Blumen und Pflanzen wiegten oder im Nebel im Mondschein tanzten und sangen. Sie konnten jedoch auch Gewitter herbeizaubern und Krankheiten unter die Menschen bringen. Den sonnigen Wohnsitz der Lichtelfen, der sich in der Überwelt befand, hatte Freyr nach seinem Zahnwechsel geschenkt bekommen.

Elivagar - An der Quelle Hvergelmir in Niflheim entsprangen zwölf Ströme, die Elivagar. Sie enthielten eine giftige, eiskalte Flüssigkeit, die schnell gefror.

Elli - das Alter, das eines Tages in der Gestalt einer alten Frau, mit Thor/Donar kämpfte. Der Gott leistete dem monströsen Wesen mit aller Kraft Widerstand, mußte jedoch schließlich eingestehen, daß es ihm überlegen war. Sogar die Götter waren der Macht der Zeit und des Alters nicht gewachsen.

Embla - das erste, von den Göttern aus einem Baumstamm angefertigte und zum Leben erweckte weibliche Wesen. *Siehe* Audumla, Odin, Ask und Embla, S. 28, 36.

Erde - das Wunder der Erde, die sich jedes Jahr verjüngt, hat die Phantasie fast aller alten Völker beflügelt. Sie galt als Mutter des Lebens, die die Natur in ihren zahllosen Formen in jedem Frühling wieder aufblühen ließ. Viele der Feste und Bräuche, die zu ihrer Ehre gefeiert wurden, wurden noch lange am Leben erhalten und sind ein Beweis der Verehrung der Fruchtbarkeit der Erde. Rituelle Handlungen, wie das Essen von Eiern oder das Verstecken der Eier in der Erde zu Beginn der Saatzeit, sollten sowohl den Menschen wie der Erde Lebenskraft schenken (vgl. Ostereier suchen und essen). Die Fruchtbarkeit der Erde konnte auch auf Mensch und Tier übertragen werden. Im Frühjahr schlug man während der Äquinoktien junge Mädchen und Frauen mit frischen Zweigen, und zwar soviel wie möglich auf entblößte Körperteile: Diese magische Handlung sollte die Fruchtbarkeit der Erde auf sie übertragen. Auf Hochzeiten wurden diese rituellen Handlungen ebenfalls vollzogen (vergleiche das Lupercusfest der Römer). Vieh, Obstbäume, Korn- und Flachsfelder wurden alle demselben Ritual unterzogen. Ein Schlag mit der sogenannten Lebensrute galt als kraftspendend und sollte Krankheitsdämonen fernhalten.
Der Glaube, daß Menschen aus dem Schoß der Erde geboren werden, um nach ihrem Tod wieder in ihn zurückzukehren und früher oder später wiedergeboren zu werden, war laut dem Sammler der Eddatexte weit verbreitet.

Erdmännchen, Kobolde, Zwerge - im Volksglauben waren sie wahrscheinlich die Geister der Verstorbenen, die nachts, wenn jeder schlief, den Menschen halfen. Sie erledigten beispielsweise eine schwierige Aufgabe für sie, manchmal traten sie jedoch auch als Quälgeister auf. Meistens trugen sie, wie Odin, einen Umhang sowie eine Tarnkappe, die sie unsichtbar machte, überdies konnten sie sich in andere Gestalten oder Tiere verwandeln. Sie ritten auf Mäusen, krochen in Häuser und Ställe und schienen eine große Vorliebe für Schimmel zu haben. Ab und zu stahlen sie Kinder, was man auf ihr ursprüngliches Wesen als Seelenräuber zurückführen könnte (vgl. die Harpyien bei den Griechen). Viele Erdmännchen hatten Tierfüße, waren scheu und traten vorzugsweise nachts und in kleinen Gruppen auf.

Sie alle verabscheuten das Läuten der Kirchenglocken. Manchmal stahlen die Erdmännchen schwangere Frauen, um die Erhaltung ihrer Art zu sichern, denn im Volksglauben waren alle Erdmännchen faltige alte Männchen, die zur Instandhaltung ihres Geschlechts Nachkommen von außerhalb benötigten.

Andere Quellen hielten sie für ein Urvolk, das als Hüter verdrungener archetypischer Inhalte des Menschen auftrat. *Siehe* Zwerge

Erdr, Gerdr oder Erda - Göttin der Erde. Freyrs Geliebte. *Siehe* Jörd, Freyr, S. 106, 70, 46.

Fenrir oder Fenriswolf - der götterfeindliche, blutdurstige Wolf, der im Totenreich Utgard lebte. In der letzten Weltschlacht verschlang er Odin und die Sonne, daraufhin wurde er von Odins Sohn Vidarr besiegt. *Siehe* Loki, Ragnarök, Tyr, Vidarr, S. 32, 118, 90, 78.

Fensalir (Moorsäle) - der prachtvolle, in Mondlicht gehüllte Palast der Göttin Frigg, der Gemahlin des Odin. *Siehe* Frigg, Berchta, Holle, S. 94.

Fimbulvetr - der strenge Winter, der drei Jahreszeiten dauerte und in dem alle Lebewesen erstarrten. Er läutete Ragnarök ein, den Untergang der Götter. *Siehe* Ragnarök, S. 118

Fiörgyn - die Mutter des Thor. Eine der Erdgöttinnen und dieselbe Person wie Jörd und Erda, Göttin der Erde.

Folksvang - der Palast der Fruchbarkeitsgöttin Freyja, in dem sich der große Empfangssaal Sessrymnir mit über tausend Stühlen für die Einheriar befand. Nach einem gastlichen Empfang lehrte Freyja die Hälfte der Seelen der auf dem Schlachtfeld gefallenen Krieger die Regeln der magischen Kunst.

Forseti (Vorsitzender) - dieser Gott der Wahrheit, des Friedens und der Versöhnung war laut isländischen Quellen ein Sohn des Baldr und der Nanna. Er war der beste aller Richter. Alle Prozesse fanden in seiner Burg Glitnir (Glanz) statt. Bei den Nordfriesen wurde ein Gott namens Fosete verehrt. Die Insel Helgoland, die auch nach ihm Fosetesland genannt wurde, war das Zentrum seiner Verehrung, dort wurden ihm an einer heiligen Quelle Menschenopfer dargebracht. Durch ihren Kontakt mit den Friesen lernten auch die Nordgermanen diesen Gott kennen und paßten seinen Namen ihrer Sprache an. Erst später wurde er zum Sohn des Baldr und der Nanna erklärt.

Freki - einer der zwei Wölfe, die Odin ständig begleiteten. *Siehe* Odin, S. 36.

Freyja (Herrscherin) - lautet der Name, mit dem die nordische Mythologie diese stolze Göttin bezeichnet. Nebst Frigg, der schweigsamen Gattin des Odin, wird die aus Vanaheim stammende Liebes- und Fruchtbarkeitsgöttin Freyja am häufigsten erwähnt. Nachdem die Asen und Vanen ihre Scharmützel beendet und Frieden geschlossen hatten, wurden Freyja, ihr Vater Njörd und ihr Bruder Freyr als Geiseln in Asgard aufgenommen.
Freyja heiratete den geheimnisvollen Odur, der zu ihrem großen Kummer in der Welt umherschweifte und fast nie zu Hause war.
Wie Odin trieb sie Zauberkünste, nahm die Seelen der Gefallenen in Obhut, heilte ihre Wunden und empfing sie in ihrem Palast Folksvang im großen Saal Sessrymnir zu einem Festmahl. Die Walküren, über die Freyja und Odin das Zepter führten, füllten die Trinkhörner der Gefallenen mit Met und sangen und tanzten für sie.
Wie ihr Bruder Freyr ritt Freyja auf einem Wildschwein, ihr Triumphwagen wurde von einem Katzengespann gezogen. Man betete zu ihr, wenn man einen guten Ehepartner suchte oder zahlreiche und gesunde Nachkommen zur Welt bringen wollte.
Wie die meisten Fruchtbarkeitsgöttinnen der Mythologie war auch Freyja sehr ehebrecherisch. Auf einem fröhlichen Festmahl, zu dem der eifersüchtige Loki nicht eingeladen war, warf er ihr im Beisein der Gäste vor, daß sie einen untreuen Charakter habe, da sie mit allen Göttern sicher mehrmals geschlafen habe, nur mit ihm nicht!
Die Römer assoziierten Freyja mit Venus, der Göttin der Liebe. *Siehe* Freyja, Heimdall, Loki, S. 50, 82, 102, 32.

Freyr oder Frey - Freyr war ursprünglich ein Fruchtbarkeitsgott, der den Vanen angehörte. Ruhiges Wachstum bis zur Reife war charakteristisch für das Land der weisen Vanen, in dem es keine Ungewißheiten gab. Es herrschte Zufriedenheit und Wohlbehagen, obwohl die isländischen Quellen über einen Krieg zwischen den Asen und Vanen berichten. Als sie der Scharmützel jedoch müde waren, schlossen sie ein dauerhaftes Bündnis und wechselten Geiseln aus: die Vanen den Gott Njörd und seine Kinder Freyr und Freyja und die Asen den schnellen, langfüßigen Hönir sowie Mimir, den Wächter der Quelle der Weisheit.

Während dieser nicht immer sanftmütigen Unterhandlungen wurde Mimir heimtückisch enthauptet. Mimirs Kopf wurde den Asen geschickt, und Odin erweckte ihn bei Urds Quelle der Weisheit, die magische Runen enthielt, wieder zum Leben. Seitdem besprachen Odin und Mimirs Kopf die Ereignisse, die die Götter in der Zukunft zu erwarten hatten. Dennoch hießen die Asen Njörd und seine Kinder Freyja und Freyr in ihrer Mitte willkommen.

Zu den Attributen des Freyr gehörte ein unbesiegbares magisches Schwert, das selbständig kämpfte, sowie das zusammenlegbare Lichtschiff Skidbladnir (geflügeltes Holz), das selber auf sein Reiseziel zusteuerte, sobald die Segel gehißt waren; wenn er es nicht brauchte, konnte er es zusammenlegen und in seine Tasche stecken.

Über seine Erscheinungsform ist nicht viel bekannt, wir wissen nur, daß ihn ein strahlender Lichtglanz umgab und daß er ein nobler und tapferer Gott war.

In Schweden wurde er als Fricco, in Norwegen und Island als Freyr verehrt. Wer Wohlstand oder eine gute Ernte erflehen wollte, bat sowohl um die Hilfe seines Vaters, des Meeres- und Sturmgottes Njörd, als auch um die des Freyr. Bei Opfermahlzeiten wurde ihnen stets ein Trinkhorn süßen Mets dargeboten, um ein friedliches und fruchtbares Jahr zu erflehen. Da Njörd auch als Sturmgott verehrt wurde, baten die Seefahrer ihn um günstigen Wind und den Schutz ihrer Schiffe.

In den norwegischen Sagen spielt Freyr, nach Odin, Thor und Loki, die wichtigste Rolle. Obwohl er ursprünglich ein phallisches Fruchtbarkeitssymbol war, entwickelte er sich im Laufe der Zeit zu einem Sonnengott, der über Regen, Wind und gute Ernten herrschte.

Jeden Herbst verließ er seine innig geliebte (G)Erdr, die verzweifelt und in Tränen zurückblieb, um sich im Frühling, wenn er mit seinem Triumphwagen in der Nähe war, wieder festlich mit ihr zu vermählen.

Zur Wintersonnenwende (Yule) wurde dem Freyr das schönste Wildschwein der Herde geopfert, wobei Gelübde abgelegt und gute Vor-

sätze ausgesprochen wurden, die man im kommenden Jahr einlösen wollte.
In der letzten Weltschlacht Ragnarök, die den Untergang der Götter ankündigte, wurde Freyr vom flammenden Schwert des dunklen Surtr, einer der feurigen Söhne der Feuerwelt Muspellsheim, getötet. Freyr mußte sich mit dem Stück eines Hirschgeweihs behelfen, das er von einer Mauer auflas, da er dem Riesen Gymir sein unbesiegbares magisches Schwert als Pfand hinterlassen hatte, als er die Gunst seiner Tochter (G)Erdr erwerben wollte. *Siehe* Ragnarök, Surtr, Muspellsheim, S. 118, 50, 106.

Frigg oder Fricka - in den meisten Ländern galt diese Göttin als Gattin Odins. Bei uns wurde Freyja oft mit Frigg verwechselt, nicht nur wegen des ähnlich lautenden Namens, auch die Funktion der Göttinnen war fast von gleicher Art.
Frigg war jedoch die höchste Göttin und kannte das Los aller Lebewesen, auch das ihres Sohns Baldr, sprach jedoch mit niemandem darüber. Frigg verweilte vorzugsweise in ihrem in Mondlicht gehüllten Palast Fensalir (Moorsäle), wo sie schweigsam an ihrem Spinnrad saß und eifrig Wolken spann.
Ihr Charakter und der der Freyja wurzeln in demselben Prinzip: Sie waren weibliche Gegenstücke der männlichen Götter. In den Mythen der Edda war Frigg jedoch eher eine Himmelsgöttin, die von Dienerinnen umringt war. Die wichtigste dieser Dienerinnen war ihre Schwester Fulla (Fülle), da sie alle Geheimnisse der Frigg kannte. *Siehe* Baldr, Loki, Frigg/Berchta/Holle, S. 54, 32, 94.

Futhark - Futhark lautet der Name des Runenalphabets, das nach den Lautwerten der ersten sechs Runen benannt ist. Uns bekannt sind das ältere Futhark, das 24 Runen zählte, das angelsächsische Futhark hingegen hatte 29 bis 33 Runen und das jüngere Futhark 16 Runen. *Siehe* S. 15.

Garmr - der gefräßige Höllenhund mit vier Augen und blutiger Brust, der den Eingang des Totenreichs Niflheim bewachte (vergleiche den Zerberus der griechischen Mythologie).

Geirrödr - einer der Zwillingssöhne des Königs Hrauding, der seinem Bruder Agnar nach dem Leben trachtete. Er hatte Odin gefangengenommen, der sich als Vagabund ausgegeben hatte, und schaute sich acht Tage und Nächte die Folterungen an, die er ihm zufügte.

Odin war zwischen zwei hohen Feuern festgebunden, deren Flammen ihn gerade nicht erreichen konnten. Zu Beginn des neunten Tages sang Odin mit lauter Stimme eine Prophezeiung, nach der ein König alsbald von seinem eigenen Schwert getötet werden würde. Als die letzten Töne ausklangen, lösten sich die Ketten, mit denen Odin gefesselt war, die Flammen flackerten, die Feuer erloschen und strahlend und erhaben stand der Gott mitten im Saal. Geirrödr, der die unheilvolle Prophezeiung soeben gehört hatte, zog schnell sein Schwert, um den unverschämten Sänger niederzustechen. Als er jedoch dessen plötzliche Verwandlung sah, schreckte er zurück, stolperte und fiel in die scharfe Spitze seines Schwerts, das ihm, wie Odin es prophezeit hatte, das Herz durchbohrte.

Gerda, Gerdr oder Erdr - war die bildschöne Tochter des Eisriesen Gynir. Freyr erblickte sie, als er eines Tages ohne die Zustimmung Odins dessen hohen Thron Hlidskialf bestiegen hatte. Er wollte sie um jeden Preis zur Frau nehmen. Er schickte seinen treuen Knecht Skirnir zu Gynirs Haus, der seiner Angebeteten in seinem Namen einen Heiratsantrag machte. *Siehe* Freyr, Jörd, S. 106.

Geri - einer der zwei wachsamen Wölfe, die Odin ständig begleiteten. *Siehe* Odin, S. 36.

Ginnungagap - der Abgrund des gähnenden Nichts, der vor dem Entstehen der Welt bestand. *Siehe* Audumla, Odin, S. 28, 36.

Gladsheim - Freudenort, einer der Paläste Odins.

Gleipnir - das unzerreißbare Tau, das die Zwerge aus dem Schnurren einer Katze, dem Bart einer Frau, den Wurzeln eines Berges, den Sehnen eines Bärs, dem Atem eines Fisches und dem Speichel eines Vogels fertigten, um Fenrir, den Wolf, der alles verschlang, zu fesseln. *Siehe* Tyr, Fenriswolf, S. 90.

Götterdämmerung - der Untergang der Götter. *Siehe* Ragnarök.

Grendel - ein leichenfressendes Ungeheuer aus dem Gefolge der altnorwegischen aasfressenden Dämonin Ran (Raub), der männerverschlingenden Herrscherin über das Meer, die mit ihrem feinmaschigen Netz versuchte, ertrunkene Seeleute zu fangen. Ihr gehörte das Totenschiff Nagilfar, das aus den Nägeln toter Männer gefertigt war.

In der Schlacht Ragnarök lief es gegen die Götter aus; Loki steuerte es gewandt durch die schäumenden Wellen, alle bis an die Zähne bewaffneten Eisriesen waren mit ihm an Bord. *Siehe* Ran, Ragnarök, Utgard, Ägir, S. 66, 118.

Gridr - Mutter des schweigsamen Gottes Vidarr mit dem eisernen Schuh. *Siehe* Vidarr, Ragnarök, Odin, S. 78, 118, 36.

Gullfaxi (Goldmond) - das Pferd des Hrungnir, des Riesen, der Thor/Donar zum Kampf herausforderte, da Thor mit dessen Frau, der Riesin Jarnsaxa, einen Sohn namens Magni gezeugt hatte. *Siehe* Thor/Donar, S. 24.

Gullinborsti (Goldbürste) - das von Licht umstrahlte Wildschwein, das sich ständig erneuerte, das Reittier des Freyr. *Siehe* Freyr, Walhalla, S. 66, 70, 36.

Gulltoppr - Das Pferd Heimdalls. *Siehe* Heimdall, S. 82, 102.

Gulveig (Golderz) - die unbeschreiblich schöne, jedoch unheilbringende Zauberin, die von den Vanen nach Asgard geschickt wurde, um unter den Asen Unruhe zu stiften. Die Asen warfen sie dreimal ins Feuer, dem sie jedoch jedesmal noch schöner und verführerischer entstieg, als sie von Natur aus schon war. Ihr Besuch hatte den Krieg zwischen den Asen und Vanen zur Folge. *Siehe* Odin, S. 36.

Gungnir - der Speer des Odin, der sein Ziel nie verfehlte, den die Zwerge Sindri und Brok geschmiedet und mit Zauberrunen verziert hatten. *Siehe* Odin, Gullveig, S. 36.

Gunnlöd - die derbe Tochter des Riesen Sutting bewachte die drei Fässer Met, die zur Poesie inspirierten. Wer einen Schluck dieses Mets trank, wurde ein berühmter Sänger oder Dichter. Als Odin sich auf die Suche nach diesem wundersamen Getränk machte, fand er schließlich nach viel Irrfahrten die Höhle, in der der Dichtermet lagerte. Er verschaffte sich Zugang zur Höhle, deren Eingang sehr schmal war, indem er sich in eine Schlange verwandelte. Er verbrachte drei Tage und Nächte in der Tropfsteinhöhle der Gunnlöd und durfte aus jedem der drei Fässer einen Schluck Met nehmen, um seinen Durst zu löschen.

Odin mißbrauchte die Gastfreundschaft Gunnlöds und trank die drei Fässer leer, zog seine Adlerflügel an, stieg hoch in die Lüfte und flog schnell wie der Wind nach Asgard. Obwohl Odin sich der Gabe der Poesie bemächtigt hatte, wendete er sie selten an. Es war Bragi vorbehalten, dem Sohn, den er mit Gunnlöd gezeugt hatte, der Gott der Poesie und Musik zu werden und die Welt mit seiner goldenen Harfe und seinen Liedern zu bezaubern. *Siehe* Odin, Sutting, S. 36.

Hati und Sköll - Haß und Stürmer, die zwei jungen Wölfe, die die Sonne verfolgten und Unwetter und Sonnenfinsternisse auslösten, da sie noch nicht groß und stark genug waren, sie mit einem Biß zu verschlingen. Auch heute noch nennen die Schweden diese Naturerscheinungen "Solulv" (Sonnenwolf) und die Isländer "Ulfkreppa" (Wolfsgefahr). Dem Mond drohte dasselbe Schicksal, er wurde von Managarmr, dem Mondhund, verfolgt. *Siehe* Sunna, S. 42, 86.

Heidrun - die Ziege, die die Götter ununterbrochen mit deren Lieblingsgetränk Met labte. Sie graste im grünen Blätterwerk des Yggdrasil. *Siehe* Odin, Freyja und Freyr, S. 36, 50, 70.

Heimdall - wurde von neun Müttern zur Welt gebracht, den neun Wellenmädchen, Töchter des Meeresgottes Ägir und seiner Frau. Odin sah sie während einer seiner Strandwanderungen im Tiefschlaf auf dem weißen Sand liegen. Die Edda berichtet, daß er vom Anblick dieser schönen jungen Frauen so bezaubert war, daß er sie alle neun schwängerte.
Der junge Gott wuchs in erstaunlichem Tempo heran und eilte zu seinem Vater in Asgard. Die Asen stellten ihn als Schildwache auf der Regenbogenbrücke Bifröst an, er wohnte in seiner Burg Himinbjörg, die in der Nähe der Brücke lag. Er war hellhörig und hellsichtig und war bekannt als der weise Ase.
Da er goldene Zähne hatte, lautete sein Beiname Gullintanni (Goldzähniger); sein Pferd, das eine goldene Mähne hatte, wurde Gulltrop (Goldblesse) genannt. *Siehe* Heimdall, Freyja, Loki, Ragnarök, S. 82, 102, 50, 32, 118.

Hel - die Tochter des Loki und der Riesin Angrboda. Sie war die Göttin des Todes. Sie herrschte über die Seelen der Toten der neun Welten, die sich in ihrem unterirdischen Eispalast versammelten. Odin konnte hier zum Beispiel die verstorbene Volva aus ihrem ewigen Schlaf wecken, da er die tote Prophetin um Auskunft über die Wiederauferstehung seines Sohns Baldr bitten wollte. Dieses stille, düstere Reich, in das nie ein Sonnenstrahl trat, trennte der eiskalte Fluß Gjöll vom Menschenreich. Hier herrschte die Göttin Hella oder Hel. *Siehe* Niflheim, S. 54, 58.

Helheim - im Schoß der Erde brannte das Feuer der Transformation. Im Westen von Helheim konnten die Toten einen Trank der Vergessenheit trinken, der sie von der Erinnerung an frühere Leben befreite, und im Osten (wo sich Baldr eine Zeitlang aufhielt) wurde das Licht der Sonnenkraft aufbewahrt. Dies war der Ort, wo die Kenntnis der Vorfahren verborgen war. *Siehe* Baldr, Niflheim, S. 54, 58.

Hermodr - der mutige Sohn Odins, der auf Odins achtbeinigem Pferd Sleipnir zu Hels Totenreich ritt, wo er für die Erlösung Baldrs aus der Unterwelt plädierte. *Siehe* Baldr, Odin, Hel, S. 54, 36, 32.

Hlidskialf (Schwingtür) - der erhabene Thron, von dem aus Odin, der Allvater, über die Welten Ausschau hielt und beobachtete, was bei den Menschen, Elfen und Riesen geschah. *Siehe* Odin, Frigg, S. 36, 94.

Hlorridi - Thor / Donar, der Donnergott, hatte eine gewaltige Stimme, deshalb wurde er auch Hlorridi (der brüllende Stürmer) genannt. *Siehe* Thor / Donar, S. 24.

Hödr - der blinde Sohn des Odin und der Frigg, der seinen Bruder Baldr - ein hinterhältiger Trick des Loki - mit einem Mistelzweig tötete. *Siehe* Baldr, Loki, S. 54.

Holda, Holde, Holle oder Hulla - ein weibliches Gegenstück zur wilden Jagd des Odin und seinem Seelenheer. Wenn nachts der Sturm heulte, jagte auch (Frau) Holle mit ihrer Geisterschar durch die Luft. Sie war jedoch auch mit Berchta, Harke und Frigg verwandt. Holdas Sonnenkäfer (vergleiche den Skarabäus der Ägypter) trug die Seelen der Kinder aus den Wolken zur Erde. An der Tür des Hauses der Frau Holle hielt ein Hahn Wache. *Siehe* Wilde Jagd, Frigg / Berchta / Frau Holle, S. 96.

Hönir oder Lödurr - der Sohn Odins, der sich als Geisel in Vanaheim aufhielt, und Odin und Loki oft auf ihren Streifzügen begleitete. *Siehe* Ask und Embla.

Hrimfaxi (Reifmond) - das dunkle Reittier, auf dem die Nacht ritt, der Tag hingegen ritt auf dem Schimmel Skinfaxi (Schein- oder Glanzmond). *Siehe* Sunna, Mani, S. 42, 86.

Hringhorni - das Schiff, auf dem der Scheiterhaufen für den besiegten Baldr errichtet war. Man hatte es auf Rollen an Land gezogen, es war jedoch dermaßen mit Blumen und Kostbarkeiten überladen, daß es ohne die Hilfe der Riesin Hyrockin aus Jötunheim, die eigenhändig Berge versetzen konnte, nicht zu Wasser gelassen werden konnte. Sie führte einen riesigen Wolf an einer Leine, die aus einer furchterregenden Schlange bestand; er führte sie dorthin, wo das Schiff für Baldrs letzte Reise auslaufen sollte. Obwohl das Schiff schwer beladen war, schob Hyrockin es mit einer verächtlichen Handbewegung in das Baltische Meer (Ostsee), das nach dem innig geliebten Gott benannt wurde. *Siehe* Baldr, S. 54.

Hrungnir - der Riese, der Thor/Donar seinen Riesenfuß, der magische Kraft besaß, auf die Brust setzte, da Thor/Donar mit Jarnsaxa, der Frau des Hrungnir, einen Sohn gezeugt hatte. Niemand außer Thors vielversprechendem Sohn Magni konnte den Fuß entfernen. *Siehe* Donar/Thor, Magni, S. 24.

Hrym - der Anführer der Riesen, die zu Pferd und bis an die Zähne bewaffnet aus dem Osten kamen, um in der Schlacht Ragnarök ihren Beitrag zum Untergang der Götter zu leisten. *Siehe* Ragnarök, S. 118.

Hugin und Munin (Gedanke und Gedächtnis) - zwei Raben, die Odin auf seinen Reisen begleiteten und ihn über die Geheimnisse und Ränke unterrichteten, die in der Welt geschmiedet wurden. *Siehe* Odin, S. 36.

Hvergelmir (siedender Kessel) - eine Quelle, über die Hel wachte. Hier entsprangen die zwölf Ströme Elivagar und flossen in alle Welten. In dieser Quelle lebten zahlreiche giftige Schlangen, und die böse Schlange Nidhöggr nagte unaufhörlich an einer der drei Wurzeln des Yggdrasil. *Siehe* Audumla, Yggdrasil, S. 28, 74.

Hymir (der Schläfrige) - ein Riese, der Vater des Tyr, der am Rande des Himmels wohnte. Er besaß einen großen Kessel, der eine Meile tief und eine Meile breit war. Thor entwendete ihn, um Bier in ihm zu brauen, da der Meeresgott Ägir die Asen in seine Korallengrotten am

Meeresgrund zu einem Bankett eingeladen hatte, damit sie ihre Trauer um Baldrs Tod und Lokis Verrat vergaßen. *Siehe* Thor, S. 24.

Idavöllr - das Gebiet in Asgard, in dem die Asen ihre Beratungen und Spiele abhielten. Sie schufen hier heilige Plätze und Tempel und führten ein sorgloses Leben, bis der Besuch Gullveigs den ersten Kampf in die Welt brachte (den Krieg zwischen den Asen und Vanen), und das Eintreffen der Nornen oder Schicksalsgöttinnen das Ende der Glanzzeit und des sorglosen Lebens ankündigte. *Siehe* Gullveig, Nornen, Freyr, S. 62, 70.

Idun oder Iduna - isländisch-norwegische Göttin, Personifikation des Frühlings und Hüterin der Äpfel der ewigen Jugend (vgl. die Hesperiden der griechischen Mythologie). Sie wohnte mit ihrem Mann, dem Dichter Bragi, in Asgard. Die Asen kamen jeden Tag, um Äpfel bei ihr zu holen, doch wieviel Äpfel sie auch austeilte, der Vorrat, den sie in ihrer kristallenen Zauberschale bewahrte, erschöpfte nie.
Es liegt auf der Hand, daß der Besitz dieser Äpfel andere neidisch machte. Loki, der dem Sturmriesen Thiazzi eine Gemeinheit angetan hatte, mußte ihm Lösegeld für seine Freiheit zahlen. Er mußte der Forderung des Riesen nachgeben, der die Verjüngungsäpfel Iduns zur Genugtuung verlangte. Loki versuchte, sich der Äpfel hinterlistig zu bemächtigen, indem er Idun unter dem Vorwand aus Asgard weglockte, daß er anderswo viel schönere Äpfel als die ihren gesehen hätte. Sobald sich Idun und ihre Äpfel jedoch außerhalb von Asgard befanden, überließ der hinterhältige Loki sie ihrem Schicksal. Bevor sie in den Schutz ihres himmlischen Palasts zurückeilen konnte, ergriff Thiazzi, der sich in einen Adler verwandelt hatte, sie im Sturzflug mit seinen Krallen und trug sie zu seiner einsamen und kalten Burg Thrymheim, in der er mit seiner Tochter Skadi wohnte. *Siehe* Loki, Thiazzi, Skadi, S. 32.

Ivaldi - der König der Zwerge, Vater von Brok und Sindri. *Siehe* Zwerge, Loki, Freyja, S. 32, 50.

Jarnsaxa (Eisenstein) - die Frau des Riesen Hrungnir, die mit Donar den Sohn Magni (Kraft) zeugte. *Siehe* Thor/Donar, S. 24.

Jörd - Göttin der Erde, galt oft als Mutter des Thor/Donar. Laut anderer Quellen galten Hlodyn und Fjörgyn ebenfalls als Mutter Thors. *Siehe* Thor/Donar, Freyr, S. 24.

Jörmungandr oder Midgardsormer - die unbesiegbare Schlange, die die Erde umspannte und auf die Gelegenheit wartete, Midgard zu zerquetschen.

Jötunheim - das Reich der Riesen, in dem sich, wie manche Quellen erwähnen, auch das Totenreich Utgard befand. Im Gegensatz zum ruhigen Leben in Vanaheim führten die Bewohner von Jötunheim einen fast zwanghaften Konkurrenzkampf mit den anderen Ländern. Aufgrund ihrer wetteifernden Art wehrten sich die Bewohner dieses Landes gegen alles, was ihnen auf ihrem Weg und abseits dieses Weges begegnete. Sie waren der Magie kundig und suchten unablässig Streit; ihre eigene Gesellschaft hingegen blieb nahezu statisch.
Es schien, als ob die Bewohner von Jötunheim danach strebten, einzig und allein Unruhe zur Entwicklung beizutragen. Jötunheim war ein Gebiet der zerstörerischen Kraft, die der Entwicklung neuer Ideen übrigens oft vorangeht. *Siehe* Thiazzi, Geirödr, Jötunheim / Utgard, S. 66

Kobolde - *siehe* Erdmännchen.

Kvasir - Nachdem die Asen und Vanen Frieden geschlossen hatten, spuckten sie in ein Faß, um den Waffenstillstand zu besiegeln. Aus diesem Speichel erschufen sie den weisen Kvasir (Redner). Die Zwerge Fjalarr und Galarr töteten ihn jedoch heimtückisch; aus seinem Blut, das sie mit Honig vermischten, brauten sie drei Fässer Met, der die Dichtkunst anregte.
Suttungr, der Sohn des Riesen Gillingr, der durch Zutun der Zwerge ertrunken war, bekam die drei Fässer Dichter-Met von ihnen geschenkt, da sie sich von ihrem schlechten Gewissen freikaufen wollten. Suttungr ließ die Fässer in einer Tropfsteinhöhle, die tief in den Bergen lag, von seiner Tochter Gunnlöd bewachen. *Siehe* Odin, Bragi, Gunnlöd, S. 36.

Lebensbaum Yggdrasil - Dem Erdboden entsproß die große Weltesche, der Schutzbaum der Götter, dessen mächtige Zweige den Himmel von der Erde trennten, und dessen Stamm die Achse des Universums bildete. Laut manchen Legenden waren im Blätterwerk des Yggdrasil sogar neun Welten versteckt.
Kein Mensch konnte seine Größe überblicken. Er wurzelte tiefer und fester in der Erde als die Berge, sein immergrünes Blätterdach reichte bis an die Sterne. Von seinen drei Wurzeln wuchs eine bis in Hels

Schattenreich Niflheim, das von der Geisterwelt bewohnt war, und labte sich mit dem Wasser der Quelle Hvergelmir, der die zwölf Eisströme entsprangen, die nach Ginnungagap, dem gähnenden Nichts, flossen.

Die zweite Wurzel reichte bis zur Quelle des Mimir in Midgard, die dritte Wurzel bezog Wasser aus Urds Quelle der Weisheit in Asgard. Urd war die älteste der drei Nornen oder Schicksalsgöttinnen, mysteriöse Wesen, die das Schicksal aller Lebewesen lenkten. Sie wohnte am Fuße des Yggdrasil, des immergrünen Lebensbaums, wo sich die Asen täglich versammelten und zu ihren Besprechungen zusammenkamen.

Der Yggdrasil wurde von allen Seiten bedroht. Vier Hirsche fraßen seine jungen Triebe, Odins Pferd, auf dessen Zähnen Runen standen, graste auf seinen Weiden, und die Ziege Heidrun, die ständig den Göttertrank Met produzierte, fraß seine Blätter. Am ärgsten war jedoch die böse Schlange Nidhöggr, ein riesiges Ungeheuer, das ständig an den Wurzeln des Yggdrasil nagte. Lediglich die liebevolle Fürsorge der Schicksalsgöttinnen behütete den Baum vor dem Untergang. Damit er gedieh, sprengten sie ihn täglich mit Wasser aus Urds Quelle der Weisheit. *Siehe* Yggdrasil, Ragnarök, S. 74, 118.

Ljossälfsheim - das Reich der Lichtelfen. Diese von hohen Bergen und tiefen Tälern umgebene Welt lag in einer unermeßlichen Weite hellen Sonnenlichts. Dies war das Gebiet, das die Klarheit des Geistes symbolisierte. Hier entwickelten sich Gedankengänge und wurden Pläne geschmiedet. Über dieses Gebiet herrschte der von Licht umstrahlte Sonnengott Freyr. *Siehe* Freyr, Elfen, S. 46, 70.

Loki - war einer der wichtigsten Götter des nordischen Pantheons. Er scheint ursprünglich ein Leichendämon, ein chthonisches (unterirdisches) Wesen, gewesen zu sein, wie auch Odin/Wotan. Als solcher wurde er auch mit derartigen Wesen assoziiert. Die meisten Quellen erwähnen Angrboda (Unheilsbotin) als seine Frau. Andere Quellen behaupten, daß dieser Gott kein Angehöriger des Schöpfungstrios Odin, Hönir und Loki (*siehe* Ask und Embla) war, sondern anfangs zum Geschlecht der Urriesen (Ymir) gehörte, das viel älter als das des Odin war. Andere Überlieferungen machen ihn zum Sohn des Riesen Farbauti (Feuermacher), seine Mutter war die Riesin Laufeja (bewaldete Insel). Im Laufe der Zeit bekam er eine bedeutendere Rolle, er blieb jedoch ein fremdartiges Doppelwesen, halb Gott, halb Teufel. Mitunter befreite er andere Götter aus ihrer Not, und manchmal verriet er sie, wenn es ihm besser paßte oder ihm Vorteile einbrachte. Er entwickelte sich von einem urwüchsigen Dämonen zu einem hinterhältigen Gott, der Freude daran hatte, andere zu täuschen oder anderen in die Quere zu kommen.

Eines Tages schnitt er das goldene Haar von Thors Frau Sif ab, als sie schlief. Thor forderte unter schrecklichen Drohungen, daß diese Tat rückgängig gemacht werden mußte. Nach einigem Nachdenken begab sich Loki zu den Zwergen Brok und Sindri - Söhne des Zwergenkönigs Ivaldi - die sich durch große Geschicklichkeit auszeichneten. Er überredete sie nicht nur, neues Haar für Sif, sondern obendrein Odins Speer Gungnir und Freyrs Schiff Skidbladnir herzustellen.

Daraufhin wettete er mit zwei anderen Zwergen um seinen Kopf, daß sie nicht in der Lage wären, solch schöne Gegenstände wie Brok und Sindri zu schmieden. Nachdem die Wette abgeschlossen war, verwandelte sich Loki in eine zudringliche Wespe und versuchte, die Zwerge von ihrer Arbeit abzuhalten, es gelang ihnen jedoch trotzdem, den goldenen Ring Draupnir für Odin, das Wildschwein mit den goldenen Borsten für Freyr sowie den Hammer Mjöllnir für Thor anzufertigen.

Als die Asen beurteilen sollten, welcher der von den Zwergen angefertigten Gegenstände am besten sei, wählten sie Thors Hammer Mjöllnir. Gemäß der Wette sollte dem Loki jetzt eigentlich der Kopf abgeschlagen werden, er konnte seinen Hals jedoch aus der Schlinge ziehen: Er entkam mit Schuhen, die ihn durch die Luft und über das Meer trugen, zudem behauptete er, zwar seinen Kopf, nicht jedoch seinen Hals verwettet zu haben.

Auch mit dem Riesen Thiazzi (Stürmer), der magische Gaben besaß, hatte Loki viele Konflikte. Eines Tages packte ihn Thiazzi, der sich in einen Adler verwandelt hatte, und trug ihn wegen eines Vergehens hoch in die Lüfte. Er wollte ihm nur dann die Freiheit schenken, wenn Loki ihm die Göttin Idun mitsamt ihren Verjüngungsäpfeln auslieferte. Unter dem Vorwand, daß sich anderswo viel kostbarere Äpfel befänden, lockte er sie und ihre Äpfel, die sie zum Vergleich mitgenommen hatte, in ein abgelegenes Gebiet und ließ sie dort allein. Thiazzi kam im Sturzflug aus den Wolken heran und trug sie in seinen mächtigen Krallen zu seiner einsamen, kalten Burg Thrymheim, in der er mit seiner Tochter Skaldi lebte. Da ihnen die Verjüngungsäpfel fehlten, bemerkten die Asen die Entführung Iduns rasch, und unter schrecklichen Drohungen zwangen sie Loki, seine hinterlistige Tat rückgängig zu machen.

Im Falkengewand der Freyja flog Loki zum Wohnsitz Thiazzis, verwandelte Idun in eine Nuß und brachte sie in seinem Schnabel nach Asgard zurück. Thiazzi, der sich in einen Adler verwandelt hatte, verfolgte sie. Bei Asgard flog er jedoch in das lodernde Flammenmeer eines Feuers, das speziell zu diesem Zweck geschürt und hinter den Mauern von Asgard entzündet worden war, und stürzte tödlich verwundet in die Tiefe.

Auch in vielen Thor/Donar-Geschichten spielte er eine wichtige Rolle, in denen er sowohl Thors Verbündeter als auch sein Gegner sein konnte. Er half dabei, den Hammer des Gottes aus der Macht des Riesen Thrymr zu befreien, obwohl dieser Diebstahl von ihm persönlich eingefädelt worden war. Er begleitete Thor auf seiner Reise in den rauhen Osten, um den schrecklichen Riesen Utgarda-Loki zu strafen, in dessen Haut er selber steckte. Loki begleitete Thor zu einem Kampf mit dem Riesen Geirrör, den er herausgefordert hatte, er stand ihm jedoch mit schlauen Tricks zur Seite. Thor war der einzige, der Loki einigermaßen im Griff hatte.

Zu den zweifelhaften Abenteuern des Loki gehörte, außer dem Tod des Baldr, auch der Diebstahl von Freyjas kostbarer Halskette Brisingamen. Er versteckte sich hinter einer Klippe und hielt in Robbengestalt Wache. Heimdall, der den Diebstahl bemerkt hatte, verwandelte sich ebenfalls in eine Robbe, und nach einem erbittertem Kampf entrang er Loki das kostbare Kleinod.

Beim Tod des Baldr spielte er eine sehr zwielichtige Rolle (*siehe* Baldr). Da er dem Zorn der Götter entkommen mußte, verwandelte er sich in einen Lachs und versteckte sich in einem Wasserfall, wo Thor ihn mit einem Netz fing. Aufgrund seiner schrecklichen Tat ketteten die übrigen Asen Loki an einen Felsen in einer tiefen Höhle, in der eine Schlange lebte, deren Gift auf Lokis Gesicht tropfte. Da das Gift ihm unerträgliche Schmerzen bereitete, fing seine Frau Sigyn (Lokis Frau in der Asengemeinschaft) es in einer Schale auf. Sobald die Schale jedoch entleert werden mußte, tropfte Gift auf Lokis Gesicht, wodurch er sich dermaßen vor Schmerzen krümmte und wand, daß die Erde bebte.

Er blieb bis zur Götterdämmerung gefesselt, beim Ausbrechen der letzten Weltschlacht (Ragnarök) löste Loki jedoch fast mühelos seine morschen Fesseln und wurde der Anführer des Heers der Riesen.

In einem späteren Stadium der Mythologie wurde Loki, wie Luzifer, ein Verräter und Symbol des Bösen. Der Grund hierfür kann eventuell in der allmählichen Verbreitung des Christentums gesucht werden, vielleicht war es jedoch auch eine unvermeidliche Entwicklung.

Er liebte Täuschungen, da sie ihm Vergnügen bereiteten. Er tat Böses, da es ihm große Freude machte, Böses zu tun. Was im Volksglauben dem Teufel zugeschrieben wurde, legten die Bewohner des hohen Nordens Loki zur Last.
Die Blutsbrüderschaft zwischen Odin und Loki ist eine Art Bündnis mit dem Teufel, ein Bündnis, dem wir später, im Mittelalter, häufiger begegnen, zum Beispiel Fausts Pakt mit dem Teufel. *Siehe* Loki, Baldr, Thor/Donar, Freyja, Heimdall, Idun, Sif, Zwerge, Svadilfari, Ragnarök, S. 32, 24, 50, 82, 102, 98, 118.

Magni - der Sohn des Thor/Donar und der Riesin Jarnsaxa. Magni war erst drei Tage alt, als er Hrungnirs bleischweren Fuß, den der Riese seinem Vater, der im Kampf mit ihm gestrauchelt war, auf die Brust gesetzt hatte, mit einer lässigen Gebärde anhob. Magni war der einzige, der stark genug war, den Zauber zu brechen und den Fuß zu entfernen. *Siehe* Thor/Donar, Hrungnir, S. 24.

Managarmr - der Mondwolf, ein junger Wolf, der den Mond verfolgte und ihn später, als er erwachsen geworden war, verschlang. *Siehe* Sol/Sunna, Jötunheim/Utgard, S. 42, 86, 66.

Mani - der Mond. *Siehe* Alsvidr, Sol/Sunna, S. 42, 86.

Megingjörd - Thors/Donars Kraftgürtel, der seine ungeheure Stärke noch vergrößerte, wenn er ihn umschnallte. *Siehe* Thor/Donar, S. 24.

Midgard - das Reich der Menschen. Dies war die Welt, in der sich Geist und Stoff zu einer fruchtbaren Zusammenarbeit vereinigt hatten, wo sich das Ego entwickelte und wo die Realität im Zentrum des Interesses stand. Der Gott Thor/Donar überwachte das Geschehen in dieser Welt meist mit milder Hand. *Siehe* Thor/Donar, S. 24.

Midgardsormer - der Midgardwurm oder die Midgardschlange, auch Jörmungandr genannt. Die großen Meere und Ozeane, die die Welt umspülten, inspirierten bei den Germanen den Glauben, daß ein großes Ungeheuer in Schlangengestalt die Erde umschlang. Wenn die schäumenden Wellen des Meeres auf die Küsten schlugen, stellten sich die Menschen vor, daß das bösartige Ungeheuer Jörmungandr vor Zorn anschwoll und sich aufmachte, die Erde zu zermalmen.

Als die Schlange Midgardsormer an Land kroch, um ihren Beitrag zur letzten Weltschlacht Ragnarök gegen die Götter zu liefern, machte sie so viel Lärm und löste so viele Wellen aus, daß die Trossen von Rans Schiff Nagilfar rissen, das aus den Nägeln ertrunkener Seeleute angefertigt war. Loki bemächtigte sich des Schiffes, das steuerlos auf dem Meer trieb, schiffte die bis an die Zähne bewaffneten Riesen und ihre Pferde ein, und steuerte es zur weiten Ebene Vigridr, wo Ragnarök stattfinden sollte. *Siehe* Ragnarök, S. 118.

Mimir (Erinnerung) - der weise Mimir, der bei der Quelle der Weisheit Wache hielt, trank täglich einen Schluck des Quellwassers und schärfte auf diese Weise seinen Blick in die Zukunft. Mimir, Odins Onkel mütterlicherseits, gab dem völlig erschöpften Odin - der sich im Rahmen eines Wiedergeburtsrituals neun Tage und Nächte an einem Zweig des Yggdrasil aufgehängt hatte - nur unter der Bedingung, daß der Gott eines seiner Augen opferte, einen Schluck Quellwasser.
Odin erfüllte diese Bedingung, da er die Unvermeidlichkeit des Schicksals einsah. Seitdem, so berichten manche Überlieferungen, trank Mimir das kristallklare Quellwasser aus Odins Opfer.
Während eines Waffenstillstandes im Krieg der Vanen und Asen wurde der weise Mimir, der beim Austausch der Geiseln Odins Sohn Hönir nach Vanaheim begleitete, heimtückisch enthauptet. Seinen Kopf schickte man Odin, der ihn mit magischen Runen und Beschwörungsformeln wieder zum Leben erweckte und ihm einen Platz in der Nähe der Quelle der Weisheit gab.
Der Kopf prophezeite weiterhin die Zukunft, wenn Odin seine magischen Runen über ihm aussprach. Kurz vor der letzten Weltschlacht (Ragnarök) sprachen Odin und Mimirs Kopf noch lange über die zukünftigen Ereignisse und andere geheimnisvolle Dinge sowie über den Untergang und die Auferstehung der Götterwelt. *Siehe* Odin, Nornen, Ragnarök, S. 36, 62, 118.

Mjölnir (Zerschmetterer) - der von den Zwergen angefertigte Hammer Thors / Donars, der sein Ziel nie verfehlte und wie ein Bumerang in seine Hand zurückkehrte, wenn er ihn zornig weggeschleudert hatte. *Siehe* Thor / Donar, S. 24.

Modi - der jüngste Sohn Thors / Donars und seiner Frau Sif. *Siehe* Thor / Donar, Ragnarök, S. 24, 118.

Mundilfari - der Vater der Sonne (Sol) und des Mondes (Mani). *Siehe* Alsvidr.

Munin - einer der zwei Raben, die Odin auf seinen Reisen begleiteten. *Siehe* Odin, S. 36.

Muspellsheim - im Süden lag die Feuerwelt Muspellsheim. Dies war eine Welt der hellen Funken und lodernden Feuer, die die Quelle aller Energie symbolisierte; sie war expansiv, unberechenbar und intensiv. Der Süden symbolisierte eine nach außen gerichtete Energie, die das kraftlose Gebiet Niflheim magisch anzog. Der Austausch zwischen diesen beiden Gebiete ermöglichte es, daß in Midgard, das im Energiestrom zwischen den Bereichen lag, Leben entstand.
Leben, wie wir es kennen, war in Muspellsheim jedoch so gut wie unmöglich. Die Chroniken berichten, daß die Feuerriesen an den bewohnbaren Außenseiten dieser extrem heißen Welt lebten, deren Grenzen von Surtr, dem Feuerriesen mit dem flammenden Schwert, bewacht wurden. *Siehe* Audumla, Ragnarök, S. 28, 118.

Nagilfar - das Totenschiff Nagilfar, das aus den Nägeln männlicher Schiffbrüchiger gefertigt war, gehörte der Göttin Ran, der männerraubenden Herrscherin über das Meer. Beim Untergang der Götter lief es gegen sie aus. *Siehe* Ragnarök, Ran, S. 118.

Nanna - die Frau des Baldr, die ihm nach seinem Tod in die Unterwelt folgte. *Siehe* Baldr, Loki, S. 54, 32.

Narfi (Vater der Nacht) - ein Sohn des Loki und der Sigyn. *Siehe* Loki, S. 32.

Nehalennia - eine chthonische Gottheit, zugleich Göttin der Schiffahrt. Auf den Inseln in der Rheinmündung wurden diverse Figuren dieser Göttin gefunden. Sie zeigen sie mit einem Füllhorn in ihren Armen, das Früchte, Ähren und Blumen enthält, zu ihren Füßen liegt ein wachsamer Wolfshund. Es wurden auch Abbildungen von ihr gefunden, auf denen sie mit einem Fuß auf dem Steven eines Schiffes steht und mit ihrem Arm auf dem Ruder lehnt. Auch auf Walcheren (Niederlande) wurden Abbildungen und Attribute ihrer Verehrung gefunden.

Nerthus - die Verkörperung der Mutter Erde, eine sehr würdige Göttin. Auf der dänischen Insel Seeland war ihr ein Tempel in einem heiligen Wald geweiht. Hier stand ihr Triumphwagen, der mit weißen Schleiern behängt war. Sie wurde auch die "Weiße Göttin" genannt. Wenn sie mit ihrem verschleierten Triumphwagen, den weiße Kühe zogen, entlang der ihr geweihten Äcker gefahren wurde, feierte man überall fröhliche Feste, blieben alle Schwerter in ihren Scheiden, und Streit galt als unehrerbietig in Gegenwart dieser Göttin.
Die verschleierte und darum unsichtbare Göttin kehrte nach dem Fest zu ihrem Tempel zurück. Die Diener, die an den geweihten Handlungen teilgenommen hatten, wurden der Göttin rituell geopfert, indem man sie in einen See warf. Auch der Wagen der Göttin wurde in den See geworfen, mit dieser Handlung bat man um genügend Regen, der die Fruchtbarkeit des Landes gewährleistete. Das Fest zu Ehren der Nerthus wurde im Frühjahr gefeiert.

Nidhöggr - die böse Schlange Nidhöggr nagte unablässig an den Wurzeln des Lebensbaums Yggdrasil. *Siehe* Lebensbaum, Yggdrasil, S. 74.

Niflheim - die Nebel- und Schattenwelt. Der Ursprung des Wassers lag in Niflheim - eiskaltes Wasser, das beinahe zu Eis erstarrt war. Es war ein Gebiet, das magnetische Kräfte besaß, die alles ansaugten und versuchten dasjenige, was sie angesaugt hatten, zur kleinsten Einheit schrumpfen zu lassen. Es war eine Welt, in der ein Dasein, wie wir es kennen, so gut wie unmöglich war, eine Art schwarzes Loch. *Siehe* Audumla, Hel, Niflheim, S. 28, 58.

Njörd - während der Friedensverhandlungen nach dem Krieg der Asen und Vanen wurden Njörd und seine Kinder Freyja und Freyr als Geiseln gefangengenommen und nach Asgard verbannt, wo die Götter sie wohlwollend aufnahmen.
Njörd war bekannt als Gott, der über das Meer und den Sturm herrschte. Er lebte mit seiner zweiten Frau Skadi (Schaden, Strafe) an der Küste in seinem großen Schloß Noatum (Werft). Sie war die Tochter des getöteten Riesen Thiazzi und wohnte jeweils drei Monate in Noatum, er hingegen verbrachte neun Monate in ihrer eiskalten Burg Thrymheim (Donnerhaus). Sie vertrieb sich die Zeit mit der Jagd, mit Ski- und Schlittschuhwettkämpfen und anderen Wintersportarten (sie verkörperte den rauhen Winter und er das mildere Klima). Ein Irrtum war schuld daran, daß sie die Frau Njörds wurde:

Eines Tages kam sie wutentbrannt zu den Asen, um Schadenersatz für den Tod ihres Vaters zu fordern. Die Götter boten ihr an, einen von ihnen zum Mann zu nehmen, sie konnte bei ihrer Wahl jedoch nur die Füße der anwesenden Asen sehen. Nach reiflicher Überlegung wählte sie denjenigen, der die kleinsten Füße hatte, in der Annahme, daß sie dem schönen Baldr gehörten. Dies stellte sich jedoch als Irrtum heraus, die kleinsten Füße waren von Njörd. *Siehe* Loki, Idun, Njörd, S. 32, 106.

Nornen oder Schicksalsgöttinnen - nach dem Besuch der unheilvollen Zauberin Gulveig (Golderz) in Asgard, der den Krieg zwischen den Asen und Vanen zur Folge hatte, erschienen bei den Wurzeln des Yggdrasil drei mysteriöse, in dunkle Schleier gehüllte Schwestern, die auf ihren Spinnrädern das individuelle Schicksal und das Familienkarma spannen.
Skuld, die jüngste der drei Nornen, hatte ihren Blick in die Zukunft gerichtet. Sie war die Spinnerin, die bei der Geburt eines Menschen seinen Lebensfaden spann. Bei einer Heirat verknüpfte Verdandi, die das Jetzt scharf überblickte, die zwei Lebensfäden, Urdr hingegen, die älteste der drei Schwestern, die einer alten Hexe glich, schaute in die Vergangenheit und grübelte über Erben und Ahnen. Wenn Menschen starben, schnitt sie den Lebensfaden durch und vertraute die Geister der Obhut der Göttin Hel im Schattenreich Niflheim an. Nur die gefallenen Helden wurden nach Walhalla gebracht, um in der letzten Weltschlacht an Odins Seite gegen die Mächte des Bösen zu kämpfen. *Siehe* Nornen, Lebensbaum, Yggdrasil, S. 62, 74.

Odin oder Wotan - anfangs ein chthonischer Sturmgott, der mitten in der Nacht, wenn die Sturmwinde heulten, mit den unheimlichen Einheriar, seinem Geisterheer gefallener Krieger, über den Himmel jagte.
Das Wort Wut leitet sich von seinem Namen her. Wut spiegelt sich wider in der rohen Gewalt der Naturkräfte. Wenn es nachts stürmte, hörten die Menschen im wütenden Geheul des Windes deutlich die dröhnenden Hufe von Odins achtbeinigem Pferd Sleipnir sowie die der Pferde der ihm folgenden Seelenschar.
Später, als die Götter in den Gedanken der Menschen eine differenziertere Form erhalten hatten, galt Odin als Herrscher über die Naturkräfte und nicht mehr als Naturerscheinung. Man nahm an, daß er mit seinen magischen Künsten die Naturerscheinungen beherrschte; er konnte sie beliebig heraufbeschwören oder beruhigen.

Obwohl er nicht speziell als heldenhafter Krieger verehrt wurde, errang er zahlreiche Siege, dank seiner magischen Kraft, die in den feindlichen Reihen eine lähmende Angst auslöste, sowie dank seines Speers Gungnir, der sein Ziel nie verfehlte, da ihn die Zwerge Brok und Sindri mit Runen verziert hatten. Außerdem war er als ein Gott bekannt, der Kranke und Verwundete heilen und Gefallene zum Leben erwecken konnte.

Oft streifte er als müder, schwermütiger Vagabund umher, der in ein langes blaugraues Gewand gehüllt war und einen Hut mit einer breiten Krempe trug, die er tief in seine Stirn zog, um seine leere Augenhöhle zu verbergen. Er hatte sein rechtes Auge nämlich für das Vorrecht opfern müssen, einen Schluck Lebenswasser aus der Quelle der Weisheit trinken zu dürfen, die Mimir bewachte; dieser Schluck schenkte ihm übernatürliche Kräfte. Darum war Odin überall als "der Einäugige" bekannt.

Odins ständige Begleiter waren zwei Wölfe, Geri (der Gierige) und Freki (der Gefräßige), seine zwei Raben flogen ihm voraus, um überall auf der Welt Neuigkeiten zu sammeln. Der eine hieß Hugin (Gedanke), der andere Munin (Gedächtnis). Darum blieb nichts vor ihm verborgen und durchschaute er alle geheimen Pläne.

Zu einem späteren Zeitpunkt der menschlichen Evolution galt Odin als weiser Gesetzgeber, der das Tun und Lassen der Götter und der Menschen lenkte. Da er sehr sprachgewandt und ein begnadeter Dichter war, war jeder ein großer Bewunderer seiner Poesie (*siehe* Gunnlöd).

In der norwegischen Mythologie entstand in der Wikingerzeit die Vorstellung des Kriegerparadieses Walhalla, ein Palast für gefallene Helden, die Einheriar. Das Dach war mit Gold gedeckt, das westliche Portal wurde von einem Wolf bewacht, über dessen Kopf ein Adler kreiste. An den Wänden hingen Schilder und Speere, auf den Bänken lagen Rüstungen und Harnische. Hunderte von Türen führten in zahllose Gemächer.

Der Palast war mit dem Tor Valgrind (Totentor) von der Außenwelt abgeschlossen und von dem Fluß Valglaumir umgeben. Im großen Saal breitete Yggdrasil seine immergrünen Blätter aus, in denen die Ziege Heidrun graste, die für die Bewohner Walhallas ununterbrochen Met produzierte. Der Koch Andhrimnir (Luftkoch) bereitete jeden Abend für die Einheriar im Kessel Eldhrimnir (Glutkessel) das Fleisch des Wildschweins Saehrimnir (Weichkochend), das sich ewig erneuerte.

Dort saß Odin auf seinem goldenen Thron, die Wölfe Geri und Freki lagen zu seinen Füßen, und die Raben Hugin und Munin saßen auf seinen Schultern. Jeden Morgen zogen Odin und seine Einheriar hinaus, um sich auf der ausgedehnten Spielwiese Idavöllr mit Scheingefechten zu vergnügen. Am Abend nahmen sie an einem fröhlichen Trinkgelage teil, die Walküren füllten ihre Trinkhörner. Walküren waren jungfräuliche Kriegerinnen, die Odin zu den Schlachtfeldern schickte, wo sie den gefallenen Helden, die er als Einheriar auserwählt hatte, den Todeskuß gaben und sie nach Walhalla begleiteten.
Als Jäger richtete Odin seinen mit Runen verzierten Speer Gungnir, der sein Ziel nie verfehlte, auf diejenigen, die er bezwingen wollte. Seine Verehrer opferten ihm die Körper ihrer besiegten Feinde. Dies zeugt von Odins dämonischer Herkunft und macht die Blutsbrüderschaft, die er in der Urzeit mit Loki geschlossen hatte, viel akzeptabler, denn auch Odin bediente sich, wie Loki, in manchen Fällen der List und Täuschung.
Auch Odins Einäugigkeit, die zu seinen ältesten Merkmalen gehört, hat mit seiner unterirdischen Herkunft zu tun: Menschenfressende Dämonen (vgl. den Zyklopen Polyphemos der griechischen Mythologie) wurden oft einäugig dargestellt. Auch einige andere Götter waren übrigens behindert: Tyr hatte nur eine Hand, und Thors Schädel war verletzt. Die Römer brachten Odin/Wotan aufgrund seiner magischen Kraft und Weisheit mit Merkur in Verbindung. Ursprünglich war ihm der Mittwoch (engl. Wednesday - Wotanstag) geweiht. Man könnte ihn auch mit Jupiter vergleichen, da Jupiter wie Odin Gesetzgeber und Urvater war.
Odin war jedoch ein kompliziertes Wesen, man könnte ihn auch mit Mars in Verbindung bringen, da er der Gott der "Wode" (Wut) und der Herrscher über die Schlachtfelder war. Laut dem Völuspalied entbrannte der erste Kampf unter den Völkern der Welt durch sein Zutun.
Eines Tages schickten die Vanen Gulveig (Golderz), eine unheilvolle Zauberin, nach Asgard, um Unruhe unter den Asen zu stiften. Sie warfen sie dreimal ins Feuer, dem sie jedoch jedesmal noch schöner und verführerischer entstieg und in den Herzen der Götter und Menschen Neid, Zwietracht und Begierde säte. Daraufhin schleuderte der wütende Odin seinen mächtigen Speer nach Vanaheim; so entstand der Krieg zwischen den Asen und Vanen.
Kaum daß der Friede geschlossen war, ließen sich drei geheimnisvolle, verschleierte Schwestern mit ihren Spinnrädern bei den Wurzeln des Yggdrasil nieder: die Schicksalsgöttinnen oder Nornen. Das Zeit-

alter der kindlichen Unschuld war vorbei; sogar die Götter konnten dem Schicksal nicht entrinnen. *Siehe* Gunnlöd, Freyja, Frigg, Saga, Ullr, Vidarr, Rindr, Loki, Baldr, Nornen, S. 28, 50, 94, 78, 32, 54, 62.

Odur - war der Gatte der Freyja. Er war fast nie zu Hause, aus diesem Grunde vergoß Freyja viele Tränen. Schließlich sah sie sich dazu gezwungen, ihm in der ganzen Welt nachzureisen, um ihn zu suchen. Odur war ein Sinnbild der Sommersonne, die die Liebe erweckte.

Orlog - die Verkörperung des unumstößlichen Schicksals der Welt, das keine individuelle, sondern eine kollektive Gültigkeit hatte. Das Schicksal, das die Nornen oder Schicksalsgöttinnen spannen, lag auf individueller oder familienärer Ebene, es war jedoch mindestens genauso unabwendbar.

Ragnarök - ist die Götterdämmerung, der Untergang der Götter, die letzte Weltschlacht. Es ist das letzte Gefecht der Götter gegen die dämonischen Mächte. In diesem Kampf ging das gesamte Leben in Rauch und Flammen auf, Meere und Flüsse traten über ihre Ufer und ertränkten die Erde in Sintfluten. Menschen erstarrten in Hagel- und Schneestürmen und in Finsternis. Das Ende der Welt nahte. Die Hoffnung ging jedoch nicht verloren.
Das Wort Ragnarök wird meistens als Götterdämmerung übersetzt, was jedoch nicht richtig ist. Ragna Rök ist Isländisch und bedeutet unabwendbares Schicksal. Im zwölften Jahrhundert fügten norwegische Skalden dem Wort einige Buchstaben hinzu, sodaß es Ragnarökkr lautete, ein Wort, das die schillernde Übersetzung Götterdämmerung zuließ. Ragnarök ist eine prophetische Anschauung vom Untergang des Universums und hat, was die Stimmung und die Details betrifft, viel Ähnlichkeit mit der Apokalypse des Neuen Testaments. *Siehe* Ragnarök, S. 118.

Ran - Die Dämonin Ran war die männerraubende Herrscherin über das Totenreich im Meer. Zum Gefolge dieser leichenverschlingenden Dämonin gehörte das Ungeheuer Grendel, das später von Beowulf besiegt wurde. Wer auf dem Meer Schiffbruch erlitt und ertrank, wurde in Rans Netzen gefangen und verschlungen. Ihre neun Töchter, die Wellenmädchen, boten den Seefahrern bei heftigen Stürmen ihre Umarmungen an. Rans Totenschiff Nagilfar, das aus den Nägeln ertrunkener Männer gefertigt war, lief beim Untergang der Götter gegen sie aus. *Siehe* Ragnarök, S. 118.

Ratatoskr - der Adler Vedrföllnir lebte in der Krone des Baumes Yggdrasil und war ein scharfer Beobachter der neun Welten. Er suchte mit den Augen die Gegend nach Belagerern ab und leitete seine Berichte dem Eichhörnchen Ratatoskr (Schreckensträger) weiter, das den mächtigen Stamm des Lebensbaum hoch und hinunter rannte und der bösen Schlange Nidhöggr, die an den Wurzeln des Yggdrasil nagte, die Nachrichten übermittelte. *Siehe* Lebensbaum Yggdrasil, S. 74.

Riesen - auch Hünen, Jöten, Trolle oder Tursen (Starke) genannt, waren Wesen von übermenschlicher Gestalt mit außergewöhnlichem Appetit und großer Kraft, manchmal hatten sie mehrere Köpfe und Arme. Sie besaßen alle magische Gaben und kamen auch oft in Tiergestalt vor, wie zum Beispiel Grendel, Midgardsormer oder Jörmungandr. Sie waren den Menschen und Göttern meistens feindlich gesinnt.
Die Jöten (Fresser) stammten vom Riesen Börr ab, er und seine Frau Bestla waren die einzigen Überlebenden der Sintflut, die Ymirs Blut verursacht hatte. Die Jöten wohnten im Osten in Jötunheim oder Utgard, das auch das Totenreich genannt wurde. Außer den Bergriesen, den Baumeistern unter den Riesen, gab es auch magisch geschulte Hrymtursen, Reif-, Frost- oder Eisriesen. Auch bei Naturerscheinungen wie Wind, Sturm, Hagel und Gewitter begegnen wir regelmäßig dämonischen Wesen in Riesengestalt. *Siehe* Audumla, Jötunheim, Ragnarök, S. 28, 66, 118.

Rindr oder Rinda - die Prophetin Vala, die schon Hunderte von Jahren tot war, wurde von Odin im Totenreich Niflheim mit Hilfe magischer Runen und Zaubersprüche aus ihrem ewigen Schlaf geweckt, da er mehr über den Tod seines Sohnes Baldr wissen wollte. Sie prophezeite dem Gott, daß der Rächer von Baldrs Tod von ihm abstammen und ein Sohn der Prinzessin Rindr sein würde.
Als man alle Hoffnung auf Baldrs Rückkehr nach Asgard aufgegeben hatte, ging Odin zu König Billing, dem Vater der Rindr. Er gab vor, ein Krieger zu sein, und bot dem König seine Dienste an. Er vollbrachte solch gewaltige Heldentaten, daß König Billing ihn zum Feldherr ernannte und ihm die Hand seiner Tochter Rindr anbot. Sie selbst wies Odin jedoch hochmütig ab.
Daraufhin verwandelte er sich in einen reichen Goldschmied; die Kö nigstochter zeigte ihm jedoch wiederum die kalte Schulter. Danach erschien er als stolzer Ritter auf dem Hoffest des Fürsten. Als er Rin-

dr nach einem Tanz jedoch umarmen wollte, versetzte die stolze Schöne ihm einen harten Stoß, so daß er einige Schritte zurücktaumelte und fiel.
Schließlich verwandelte er sich in eine alte, treue Dienerin, die ihrer Herrin sehr zugetan war. In dieser Gestalt machte er sie mit Hilfe magischer Sprüche schwerkrank. Danach gab er sich als Heiler aus, der ihre Schmerzen lindern konnte. Er heilte sie innerhalb weniger Tage und eroberte auf diese Weise das Herz der dankbaren Rindr.

Aus der Ehe ging ein Sohn namens Vali hervor, der in wenigen Stunden zu einem kräftigen jungen Mann heranwuchs, im Nu war er ein ebenso geschickter Schütze wie der Wintergott Ullr, der am liebsten auf Schlittschuhen übers Eis glitt oder auf der Jagd war.
Ehe er seine Aufgabe nicht erledigt hatte, gönnte sich Vali keine Sekunde Ruhe. Vali erschien ungekämmt und ungewaschen in Walhalla und erschoß mit seinen Pfeilen den Gott der Finsternis, den blinden Hödr, der unter Lokis Führung seinen Bruder Baldr getötet hatte.
Hiermit war der Tode des innig geliebten Gottes gerächt, und zum Dank ließen die Asen den Palast Valaskjalf für Vali bauen, dessen Dach aus glänzendem Silber bestand. *Siehe* Baldr, Ullr, Njörd, Skadi, S. 54, 106.

Runen - die geheimnisvollen Schriftzeichen, die Odin, der nach der Beendigung seines Wiedergeburtsrituals am Ende seiner Kräfte war, vom Grund der Quelle der Weisheit aufhob. *Siehe* Odin, Mimir, Nornen, S. 36, 62.

Saga - die Göttin der Geschichte war eine Tochter Odins. Sie wohnte in ihrem Kristallpalast Sökkvabekk (Zeitstrom), den sie fast nie verließ. Die Edda erzählt uns, daß sich klare, plätschernde Bäche einen Weg durch das sonnige, grüne Landgut bahnten, wo Vögel sangen und ein sanfter Wind die Blätter an den Bäumen leicht bewegte. Odin, der seine Tochter dort jeden Tag besuchte und ihr seine Erlebnisse erzählte, saß mit Saga auf ihrem hohen Thron und überblickte mit ihr in aller Ruhe die Welt, dazu tranken sie funkelnden kalten Met aus goldenen Bechern.
In diesem Palast sang Saga über das Jetzt, die Vergangenheit und die Zukunft der Welt und über die größten Taten der Götter und Helden. Die murmelnden Bäche und der Gesang der Vögel begleiteten sie dabei, bis das Feuer von Surtrs flammendem Schwert während der Göt-

terdämmerung die zwölf Paläste der Asen und alle anderen Wohnsitze vernichtete.
Da erhob sie sich und gesellte sich zu den Überlebenden, die dem Feuer und dem Schwert entkommen waren, floh mit ihnen zu den Bewohnern Skandinaviens und sang für sie, in einer ihnen unbekannten Sprache, über die heldenmütigen und rühmlichen Taten der Götter und Helden.
Zum Glück sind ihre Lieder nicht spurlos verschwunden; manche wurden später in der Edda niedergeschrieben und sind ein poetischer Schatz, der nie mehr verlorengehen kann. *Siehe* Edda.

Saehrimnir - das Wildschwein, das sich ständig erneuerte und den Einheriar täglich Fleisch lieferte. *Siehe* Odin, Walhalla, S. 36.

Sessrymnir - als Odin und Freyja einen Disput über magische Fertigkeiten hatten, vereinbarten sie, daß sie ihm ihre magische Künste beibringen würde, wenn sie die Hälfte der Seelen der Gefallenen bekäme, um ihnen in ihrem Palast Folksvang im Saal Sessrymnir, in dem über tausend Stühle standen, ein fröhliches Festmahl zu bereiten. *Siehe* Freyja, S. 50.

Sif - die Frau des Thor/Donar, deren langes, goldenes Haar von Loki abgeschnitten wurde. *Siehe* Thor/Donar, Loki, Zwerge, S. 24, 32.

Sigyn - Lokis Frau in Asgard. Sie fing das Gift in einer Schale auf, das die Schlange in der tiefen Höhle auf sein Gesicht tropfen ließ, in der Loki an einen Felsen gekettet war. Die Götter hatten diese Strafe über Loki verhängt, da er beim Tod Baldrs eine äußerst zwielichtige Rolle gespielt hatte. *Siehe* Loki, Baldr, S. 32, 54.

Sindri - einer der geschickten Söhne des Zwergenkönigs Ivaldi, der mit seinem Bruder Brok die erstaunlichsten Gegenstände für die Götter schmiedete. *Siehe* Freyja, Loki, Freyr, Thor/Donar, Zwerge, S. 50, 32, 46, 24.

Skadi - die Tochter des getöteten Eisriesen Thiazzi. Skadi (Schaden, Strafe) war die Frau des Meeresgottes Njörd. Sie vertrieb sich die Zeit mit der Jagd sowie mit Eislauf und Schneeschuhlaufen. Sie hatte Njörd irrtümlich zum Mann gewählt, konnte sich an seinen Palast Noatun am Meer jedoch nicht gewöhnen, ebensowenig wie sich Njörd in ihrer eingeschneiten Burg im Hochgebirge von Thrymheim wohl fühlen konnte. Die Ehe wurde darum nach einiger Zeit gelöst, und Skadi nahm den Bogenschützen Ullr, den Gott des Winters, der am liebsten Schlittschuh lief, zum Mann. *Siehe* Njörd, Loki, Thiazzi, Idun, S. 106, 32.

Skaldenmet - auch Odrerir (Dichtermet) genannt, wurde von den Zwergen aus Honig gebraut, der mit dem Blut des allwissenden Kwasir vermischt war. Suttungs Tochter Gunnlöd bewachte die drei Fässer Met, die in einer tiefen Tropfsteinhöhle versteckt waren. Odin konnte diesen begehrten Met dank einer List rauben. *Siehe* Odin, S. 36.

Skidbladnir (geflügeltes Holz) - Die Zwerge Brok und Sindri bauten für den Gott Freyr das schnelle, von Licht umstrahlte Schiff Skidbladnir, das selbständig auf sein Reiseziel zusteuerte. Wenn Freyr es nicht benötigte, konnte er es zusammenlegen und in seine Tasche stecken. *Siehe* Zwerge, Freyr, Loki, S. 46, 70, 106, 32.

Skuld - die jüngste der drei Nornen (Schicksalsgöttinnen), die die Wurzeln des Lebensbaums Yggdrasil täglich mit Wasser aus Urds Quelle der Weisheit gossen, damit seine Blätter grün blieben, denn die böse Schlange Nidhöggr nagte ständig an seinen Wurzeln. *Siehe* Nornen, Lebensbaum, Yggdrasil, S. 62, 74.

Sleipnir - Das rasendschnelle, achtbeinige Pferd Odins, das den Gott im Nu zu seinem Ziel brachte und das ihn über Land, durch die Luft und übers Wasser trug. In seine Zähne waren geheimnisvolle Runen geritzt. *Siehe* Svadilfari, Hermrodr, Baldr, Odin, S. 54, 36.

Sökkvabekk (Zeitstrom) - dies war der Name des Kristallpalastes der Prophetin Saga, in dem die Göttin der Geschichte ihre Lieder über die größten Taten der Götter und Helden sang. Viele der Lieder sind erhalten geblieben und in der Edda aufgezeichnet. *Siehe* Saga.

Sol, Sunna oder Summa - die Sonnengöttin, die wie Mani, die Mondgöttin, von Ungeheuern verfolgt wurde. Bei fast allen Naturvölkern herrschte der Glaube, daß diese Himmelskörper bei Sonnen- und Mondfinsternissen Gefahr liefen, von schrecklichen Dämonen in Drachen- oder Schlangengestalt verschlungen zu werden. Darum versuchte man, bei diesen Naturerscheinungen soviel Lärm wie mög-

lich zu machen und die Ungeheuer durch lautes Schreien oder Schlagen auf eiserne Fässer in die Flucht zu jagen.
In den skandinavischen Sagen haben diese Dämonen Namen bekommen: Managarmr (der Mondwolf) verfolgte den Mond; ein junger Nachkomme des Fenriswolfs hingegen würde eines Tages die Sonne verschlingen. Außerdem wurde die Sonne von zwei anderen Wölfen, Sköll (Stürmer) und Hati (Haß), verfolgt. *Siehe* Alsvidr, S. 42, 86.

Surtr - der dunkle Feuerriese aus Muspellsheim, der während des Ragnarök seine feurige Bande anführte und in Asgard eindrang. Mit seinem flammenden Schwert legte er alle Wohnsitze und Paläste der Götter in Asche. Die Brücke Bifröst (Regenbogen) stürzte unter dem schweren Stampfen der Feuerriesenbande seufzend ein. *Siehe* Ragnarök, S. 118.

Svadilfari - der Name des Pferdes des Bergriesen, der auf Verlangen der Götter in drei Wintern eine himmelshohe Mauer um Asgard bauen sollte.
Es war noch nicht allzu lange her, daß die Asen am eigenen Leib erfahren hatten, wie einfach es für die unheilvolle Zauberin Gulveig gewesen war, ihr Gebiet zu betreten. Überdies bemerkten sie, daß sich eine bedrohliche Anzahl Feuer- und Eisriesen in Muspellsheim und Jötunheim sammelten und aufmachten, das strahlende Asgard zu überfallen; zudem waren sie schon viele Male in Midgard eingedrungen.
Der unbekannte Baumeister, der sich zu dieser Arbeit meldete, verlangte als Lohn die Ehe mit der schönen Freyja sowie die Sonne und den Mond, da sie hervorragende Lichtquellen für seine Tätigkeiten waren.
Die Asen zögerten, als sie die Bedingungen hörten, der Erzbetrüger Loki drängte sie jedoch, den Forderungen des Baumeisters zuzustimmen, unter der Bedingung, daß er die Arbeit in einem Winter erledigen sollte. Der Baumeister erklärte sich mit dieser Frist einverstanden und wettete, daß er die Mauer innerhalb der vereinbarten Zeit vollenden könnte, vorausgesetzt, sein Pferd dürfe ihm bei der Ausführung des Auftrags helfen.
Die Asen zögerten noch immer, als sie die Bedingungen hörten, Loki überzeugte sie jedoch davon, daß sie darauf eingehen konnten, da das dumme Tier den Fortschritt der Arbeit keineswegs beeinflussen würde. Die Vereinbarung wurde getroffen, und alle Teilnehmer

schworen hoch und heilig, daß alle Bedingungen strikt eingehalten werden sollten.

Am ersten Tag des Winters begann der Baumeister mit der Arbeit. Die Asen stellten zu ihrem Schrecken fest, daß das Pferd unglaubliche Mengen Felsen und Steine pfeilschnell zu jenen Stellen schleppte, an denen sein Besitzer sie nötig hatte. Die Mauer wuchs schnell, sie war stark und solide wie ein Eisberg und glatt und schimmernd wie polierter Stahl. Gegen Ende des Winters war sie fast fertig. Nur das Tor mußte noch errichtet werden, doch diese Aufgabe konnte der Baumeister in den drei Tagen, die ihm noch verblieben, mühelos schaffen.

Besorgt versammelten sich die Asen, denn wenn der Baumeister als Lohn für seine Arbeit sowohl Freyja als auch die Sonne und den Mond mitnehmen würde, würden nicht nur alle Schönheit und Anmut Asgard verlassen, zugleich würde auch die Welt für immer in Finsternis gehüllt sein.

Sie suchten verzweifelt nach einem Ausweg, konnten jedoch keine Lösung ersinnen, und sie machten sich Gedanken darüber, wie sie in diese Schwierigkeiten geraten waren. Sie wußten alle, wer der Anstifter des Bösen war, niemand anders nämlich als der tückische und heuchlerische Loki, und sie beschworen ihn unter den schrecklichsten Drohungen, die Vereinbarung mit dem Baumeister rückgängig zu machen. Loki versprach, daß er es dem Baumeister unmöglich machen würde, die Mauer rechtzeitig zu vollenden, sodaß sie ihm seinen Lohn verweigern konnten.

Am nächsten Tag verwandelte sich Loki in eine Stute. Als der Baumeister und sein Pferd Svadilfari in den Bergen Steine und Holz für die Mauer holen wollten, galoppierte eine verführerisch wiehernde Stute auf sie zu. Svadilfari rannte ihr sofort entgegen, zerriß seine Zügel, trat die Karre entzwei und stürmte der wegrennenden Stute nach. Er folgte ihr über Felder, Berge und Täler, der Baumeister rannte ihnen keuchend hinterher. Die Verfolgung dauerte den ganzen Tag und die ganze Nacht, und als er sein Pferd endlich einfangen konnte, waren beide so erschöpft, daß sie die Mauer auch am nächsten Tag nicht vollenden konnten.

Am Abend schaute sich der unbekannte Baumeister die Mauer an, die er nicht mehr rechtzeitig fertigstellen konnte, und wurde fuchsteufelswild. Er beschuldigte die Götter, ihn mit List und Tücke um seinen Lohn betrogen zu haben. Er wollte sich mit aller Gewalt rächen und sammelte enorme Felsbrocken und Baumstümpfe, mit

denen er Asgard und seine Bewohner zerschmettern wollte. Erst jetzt wurden sich die Götter dessen bewußt, daß der Baumeister ein Bergriese war, und lauthals riefen sie Thor zu Hilfe. Thor, der soeben von einer Reise zurückgekehrt war, landete mit einem grellen Blitz, der die Erde erbeben ließ, mitten in der Götterschar, schleuderte dem wütenden Riesen seinen Hammer an den Kopf und zertrümmerte dessen steinharten Schädel.
Nach einiger Zeit bekam die Stute (Loki), die Svadilfari weggelockt hatte, ein achtbeiniges Fohlen, auf dessen Zähnen Runen standen. Dieses Fohlen war Sleipnir, Odins innig geliebtes Pferd, daß den Gott schnell wie der Wind durch die Luft, durchs Feuer und über die Wellen des Meeres trug. *Siehe* Odin, Thor/Donar, Loki, S. 36, 24, 32.

Svartälfsheim - das Reich der schwarzen Elfen. Die schwarzen Elfen waren Zwerge, die in ihren unterirdischen Werkstätten die schönsten und erstaunlichsten Gegenstände schmiedeten. Die Zwerge waren das Symbol des schöpferischen Aspekts der Gesellschaft. *Siehe* Freyr, Freyja, Loki, Thor/Donar, S. 46, 70, 106, 50, 32, 24.

Tanngnjostr und Tanngrisnir (Zahnkracher und Zahnknirscher) - das Bockgespann, das den Triumphwagen Thors/Donars zog. *Siehe* Thor/Donar, S. 24.

Thiazzi - der Eisriese, der durch eine Hinterhältigkeit des heuchlerischen Loki die Gelegenheit bekam, die Göttin Idun und ihre goldenen Verjüngungsäpfel zu seiner einsamen, kalten Burg Thrymheim (Eisort) zu entführen, in der er und seine Tochter Skadi wohnten. *Siehe* Loki, Idun, S. 32.

Thor - *siehe* Donar

Tyr, Things, Tiw, Tiwaz oder Ziu - da Odin und Thor schon früh die Stellung Tyrs einnahmen, ist über seine Erscheinungsform wenig bekannt. Ursprünglich war er ein Kriegsgott, später wurde er der höchste Gott der Rechtsprechung; er traf Abkommen und wachte darüber, daß Versprechen eingelöst wurden. Tyr war der Wächter der zwölf Wölfe und trat, nachdem er seine rechte Hand dem gefährlichen Fenriswolf geopfert hatte, Odin seine Macht ab, behielt jedoch das Amt des höchsten Gottes des Rechts. Bei manchen nordischen Stämmen hieß er Ziu, bei den Angelsachsen Tiw und bei den Germanen Tyr.

Sein Name ist mit dem Sanskritwort Dyaus und dem griechischen Zeus verwandt.
Hiervon leitete man ab, daß Tiwaz, wie sein Name in vorgeschichtlicher Zeit gelautet haben muß, ein Licht- und Himmelsgott war, dessen Machtbereich im Laufe der Zeit abnahm, und dessen Aufgabe von anderen Göttern (Odin) übernommen wurde. *Siehe* Tyr, S. 90.

Ullr - der Gott des Winters war der Sohn der Sif mit dem goldenen Haar und ein Stiefsohn Thors/Donars. Sein Vater, dessen Name in den Sagen nicht erwähnt wird, muß einer der gefürchtetsten Eisriesen gewesen sein, dies erklärt vielleicht Ullrs Vorliebe für Schnee und Eis - meistens glitt er auf Schlittschuhen über das silbrige Eis. Außerdem war er ein hervorragender Bogenschütze und ein leidenschaftlicher Jäger, den die tobenden Stürme, die durch die dunklen Wälder oder über die schneebedeckten Ebenen jagten, wenig anhaben konnten, da er zum Schutz in dicke Pelze gehüllt war.
Dieser Gott des Winters, der Jagd und des Bogenschießens wurde gewöhnlich auf Schlittschuhen, mit einem Köcher voller Pfeilen und einem großen Bogen dargestellt. Da das Holz des Taxusbaums am besten für seine Pfeile geeignet war, baute er seine Zelte in Ydalir auf, dem Tal der Taxusbäume, in dem es ständig kalt und naß war.
Der Wintergott Ullr, auch Oller genannt, galt als wichtigster Gott nach Odin, dessen Stellung er während seiner Abwesenheit im Winter wie selbstverständlich einnahm. In dieser Periode übte er die Alleinherrschaft aus und hielt Asgard und Midgard in einem eisigen Griff... laut einigen Quellen auch Odins Frau Frigg. Da Ullr geizig war und nie etwas weggab, begrüßte Frigg die Rückkehr Odins mit großer Freude. Odin zwang den Eindringling dazu, wieder im hohen Norden Zuflucht zu suchen.
In Skandinavien erzählte man, daß sich Ullr später mit der Eisriesin Skadi (Schaden) vermählte, der weiblichen Verkörperung der Winterkälte, die inzwischen von Njörd geschieden war. Ullrs und Skadis Interessen ähnelten einander so sehr, daß sie in völliger Harmonie zusammenlebten. *Siehe* Skadi, Njörd, Loki, Idun, S. 106, 32.

Urdbrun - die Quelle der Weisheit, die sich am Fuß des Lebensbaums Yggdrasil befand und in der Obhut der drei Nornen Urdr, Verdani und Skuld stand. *Siehe* Nornen, Yggdrasil, S. 62, 74.

Urdr - die älteste der drei Nornen, die Vergangenheit. *Siehe* Nornen, S. 62.

Utgard oder Utgarda-Loki - in der Unterwelt Utgard oder Jötunheim hausten Dämonen wie Jötnar (Aasfresser), die böse Schlange Nidhöggr, der Fenriswolf und eine alte Riesin, die die Wölfe züchtete, die die Sonne und den Mond verschlingen sollten. Hier herrschten der götterfeindliche Dämon Utgard-Loki und seine Frau Angrboda (Unheilsbote). *Siehe* Rindr, Odin, S. 36.

Vala - die Prophetin, die vor Hunderten von Jahren verstorben war, und Odin unter Protest prophezeite, daß der Rächer von Baldrs Tod von ihm abstammen und ein Sohn der Rindr, der Tochter des Königs Billing sein würde. *Siehe* Rindr, Odin, S. 36.

Valaskjalf - der Palast, den die Götter für Vali, den Sohn der Rindr und des Odin errichteten, da er den Tod Baldrs gerächt hatte, indem er Hödr, den blinden Gott der Finsternis, getötet hatte. *Siehe* Baldr, Loki, Rindr, S. 54, 32.

Vali - der Sohn Rindrs und Odins. Er wuchs in wenigen Stunden zu einem kräftigen jungen Mann heran und war ein ebenso geschickter Schütze wie der Wintergott Ullr. Er erschien ungekämmt und ungewaschen in Walhalla und erschoß Hödr mit seinen Pfeilen; mit dieser Tat übte er Vergeltung für den Tod Baldrs. Der Palast, den ihm die Götter zum Dank schenkten, war schon aus der Ferne deutlich zu erkennen, da er ein glänzendes Silberdach hatte. *Siehe* Rindr, Baldr, Loki, S. 54, 32.

Valkyrjur/Walküren - sie waren eine Art militante Dienerinnen, die Odin oder Freyja entsandten, um auf dem Schlachtfeld zu wirken. Sie hatten manches mit Nymphen, Seejungfrauen und ähnlichen Wesen gemein. Auf dem Schlachtfeld hatten sie die Aufgabe, das Schicksal der gefallenen Helden mit dem Todeskuß zu besiegeln und ihren Geist nach Walhalla zu begleiten, damit sie unter den Einheriar, Odins Seelenheer in Walhalla, aufgenommen wurden.
Dieses Heer wurde mit anregendem Met gelabt, den die Ziege Heidrun ständig produzierte. Der Koch Andhrimnir bereitete jeden Abend im Kessel Eldhrimnir das saftige Fleisch des Wildschweins Saehrimnir, das sich ewig erneuerte. Beim Untergang der Götter, dem Ragnarök, kämpfte das Seelenheer an der Seite der Götter gegen die Riesen. *Siehe* Odin, Freyja, S. 36, 50, 118.

Vanaheim - das Reich der weisen Vanen. Die Bewohner von Vanaheim waren Götter und Göttinnen der Fruchtbarkeit und des organischen Wachstums. Ihre Welt war von einer zyklischen Regelmäßigkeit geprägt, die zu einer strukturierten Gesellschaft führte. Ewig wechselten die Jahreszeiten, die Nächte und Tage, Ebbe und Flut, Säen und Ernten und alle anderen denkbaren zyklischen Muster einander ab - auch die persönlichen. Ruhiges Wachstum war charakteristisch für dieses ausgeglichene Gebiet, in dem es keine Ungewißheiten gab. Es herrschten allgemeine Zufriedenheit und Wohlbehagen.

Vanir (Vanen) - die Bewohner von Vanaheim, die während eines Waffenstillstands im Krieg mit den Asen Geiseln auswechselten und danach ein dauerhaftes Bündnis mit ihnen schlossen. *Siehe* Gullveig, Njörd, Freyr, Freyja, Hönir, S. 46, 70, 106, 50.

Vé - Ein Bruder Odins. Mit seinen Brüdern Vili (Wille) und Vé (Heiligtum) erschuf Odin die Welt aus dem riesigen Körper des besiegten Ureisriesen Ymir. *Siehe* Odin, S. 36, 38.

Vedrfölnir - der weit- und scharfblickende Habicht, der in der Krone des Yggdrasil weilte und die Welt überwachte, damit er nahendes Unheil rechtzeitig melden konnte. *Siehe* Lebensbaum Yggdrasil, Nornen, S. 74, 62.

Vidarr - der schweigsame Sohn Odins und der Riesin Grid. Vidarr war ein kräftiger, schlanker, gut gebauter junger Mann, der eine Rüstung und ein Schwert sowie einen großen eisernen Schuh trug. Laut manchen Quellen hatte er diese sonderbare Fußbekleidung dem magischen, vorausschauenden Blick seiner Mutter Grid zu verdanken - sie wußte, daß er in der letzten Weltschlacht mit dem blutdürstigen Fenriswolf abrechnen mußte, und hatte den eisernen Schuh zum Schutz angebracht. Der Schuh war den scharfen Zähnen des reißenden Ungeheuers gewachsen, mit dem Vidarr kämpfen mußte, um den Tod seines Vaters (Odin) zu rächen. *Siehe* Vidarr, Ragnarök, S. 78, 118.

Vili - Die Edda erwähnt, das Odin, Vili und Vé die Erde, die Sonne und den Mond aus Teilen des Gerippes des Urriesen Ymir erschufen, wodurch sie Gleichmaß in die Welt brachten. *Siehe* Audumla, S. 28.

Walhalla - die Halle, in der Odin die Geister der gefallenen Krieger (Einheriar) empfing, die die Walküren nach dem "Todeskuß" dorthin brachten, damit sie sich auf die letzte Weltschlacht vorbereiten konnten. *Siehe* Odin, Valkyrjur (Walküren), S. 36.

Walküren - neun unsterbliche, kriegerische Jungfrauen, die Odin oder Freyja entsandten, um auf dem Schlachtfeld zu operieren. Sie nahmen am Kampf teil und beschützten ihre Günstlinge. Sie gaben den Gefallenen den Todeskuß und begleiteten die Hälfte von ihnen nach Walhalla. Die andere Hälfte der Gefallenen brachten sie zu Freyjas Saal Sessrymnir mit den tausend Stühlen, wo sie ein ausgiebiges Festmahl erwartete. *Siehe* Valkyrjur, Einheriar, Odin, Freyja, Walhalla, S. 36, 50.

Wilde Jagd - Wenn der Sturm durch die Äste der Bäume tobte, stellte man sich vor, daß Odin und sein Seelenheer Einheriar durch die Lüfte jagten. Man glaubte, daß es gefährlich sei, sich im Freien aufzuhalten, da man möglicherweise von der wilden Jagd mitgenommen werden könnte. Der wilde Jäger und Frau Holle führten das Seelenheer an, ihre Anhänger folgten ihnen in Wolfs-, Katzen- oder anderer Gestalt. *Siehe* Einheriar, Odin, Holle, S. 36, 94.
Wotan - *siehe* Odin.

Yggdrasil - Der Yggdrasil war der Schutzbaum der Götter, an dessen Fuß drei verschleierte Schicksalsgöttinnen ihre Fäden des Schicksals spannen. Manche Quellen erwähnen, daß in seinem Laub neun Welten versteckt waren. *Siehe* Lebensbaum Yggdrasil.

Zwerge - Aus den Maden im verwesten Gerippe des Urriesen Ymir erschufen die Götter die Zwerge, die dazu bestimmt waren, tief unter der Erde zu leben und zu arbeiten. Sie entwickelten sich zu besonders fähigen Handwerkern. Da die Götter sie aus Teilen zusammengesetzt hatten, konnten sie sich nicht fortpflanzen. Wenn einer von ihnen starb, fertigten zwei speziell zu diesem Zweck ernannte Zwergenprinzen einen neuen Zwerg aus Erde und Stein an.
Sie besaßen - wie Odin - ein Gewand sowie eine Mütze oder Kappe, die sie unsichtbar machen konnte. Zwerge, Kobolde, Gnome, Trolle usw. waren vor allem in der Lage, erstaunliche Schmiedearbeiten anzufertigen. Allerlei Waffen und Attribute der Götter, wie Odins Speer und sein goldener Ring Draupnir, Thors Hammer, Freyrs goldener

Eber und sein zusammenlegbares Schiff sowie die Halskette der Freyja waren Arbeiten der Zwerge Brok und Sindri.
Oft halfen die Zwerge den Menschen, indem sie nachts ihre Häuser saubermachten, manchmal waren es jedoch auch Quälgeister. Das Echo (im Altnorwegischen "Dvergmali" = Zwergenstimme, Zwergensprache) wird ebenfalls mit ihnen assoziiert. In dieser magischen Welt übernatürlicher Kräfte wirkten auch die Runen. *Siehe* Erdmännchen.

Literaturverzeichnis

Aswynn, Freya: *Die Blätter von Yggdrasil*. Edition Ananael, Bad Ischl, 2. Aufl. 1994.

Blum, Ralph: *Runen*. Hugendubel, München, 5. Aufl. 1991.

Dolphin, Deon: *Rune Magic*. New Castle Publishing Co., North Hollywood, USA, 1987.

Dumézil, Georges: *Gods of the ancient Northmen*. University of California Press, USA, 1973.

Farwerck, F.E.: *Noord-Europese Mysteriën*. Ankh-Hermes, Deventer, Holland, 1978.

Fitch, Ed.: *The Rites of Odin*. Llewellyn Publications, St. Paul, USA, 1991.

Gorsleben, Rud.J.: *Hoch-Zeit der Menschheit*. Köhler & Amelang, Leipzig, 1930.

List, Guido von: *Das Geheimnis der Runen*. Armanen Verlag, Ammerland, 1981.

Méchin, Colette: *Feste und Volksbräuche*. SBV, Saarbrücken, 1982.

Osborn, M. Longland, S.: *Rune Games*. Neue Erde, Saarbrücken, 1992.

Otten, Marcel (Hg.): *Die Edda*. Manesse, Zürich, 5. Aufl. 1995.

Simrock, Karl: *Die ältere und die jüngere Edda und die mythischen Erzählungen der Skalda*. Phaidon Verlag, Essen, 1986.

Szabo, Soltan: *Buch der Runen. Das westliche Orakel*. Droemersche Verlagsanstalt, München, 1985.

Thorsson, Edred: *Handbuch der Runenmagie*. Unrania, Neuhausen, 2. Aufl. 1992.

Thorsson, Edred: *Runenkunde*. Urania, Neuhausen, 2. Aufl. 1992.

Urdiz, Gebu: *Het geheim von de Runen*. Uitgeverij Schors, Amsterdam, Holland, 1990.

Vries, Jan de (Hg.): *Edda, vertaald en van inleidingen voorzien*. Amsterdam, Holland, 1938.

Wägner, Dr. W.: *Asgard and the Gods. Tales and traditions of our Northern Ancestors*. Swan Sonnenschein, Lowrey & Co., London, England, 1989.

Wörterbuch der Mythologie. Bd. 2: Götter und Mythen im Alten Europa. Klett-Cotta, Stuttgart, 1973.

Würthner, Klaus: *Das Arbeitsbuch zu den Runen*. Hugendubel, München, 1995.

Ton van Gelder

Energie-Meditationen

Mühelos leben mit der Fließenden Energie

"Energie soll man fühlen können, man muß spüren, wie sie strömt. Es ist sehr wichtig, daß man lernt, die Dynamik und Gesetzmäßigkeit der Energie zu erfahren, und daß man Energien verändern kann. Erst dann kann man die Verbindung zu seinem ursprünglichen Zustand herstellen und ein Leben wählen, das mühelos, selbstverständlich und festlich ist."
Dies sind die Worte des zeitgenössischen Lehrers Ton van Gelder. Er ist Arzt und Heiler sowie eine Kapazität auf dem Gebiet der chinesischen und indischen Medizin, seit zwanzig Jahren leitet er eine Praxis der alternativen Medizin. Er schrieb einige maßgebende Bücher über (Ohr-) Akupunktur und organisiert Trainings, Lehrgänge und Workshops von New York bis Bali. Er bekleidet zahlreiche öffentliche Ämter, unter anderem ist er Leiter des Instituut voor Energetische Geneeskunde (Institut für Energetische Medizin), sowie Dozent und Unterrichtskoordinator der angesehenen Nederlandse Artsen Acupunktuur Vereniging (Akupunkturverband niederländischer Ärtzte) und Vizepräsident der International Association for Auricular Medicin.
Dieses einzigartige Buch erklärt und erläutert alle Fragen im Umgang mit persönlicher Energie, es lehrt Sie, wie Sie an sie herankommen, warum Sie Energie abblocken, und was die Folgen für Ihre Stimmung oder Gesundheit sein können. In diesem Buch hat der Autor eine Synthese der wichtigsten Techniken der indischen und chinesischen Medizin geschaffen, mit deren Hilfe Sie energetische Probleme lösen können.
Diese Texte und Übungen vereinen die besten Aspekte der klassischen, auf das Bewußtsein gerichteten Meditation in Sitzhaltung, und dynamische Meditationsarten, die von der Energie ausgehen.

140 Seiten, 14 x 21,5 cm - Mit zahlr. Abb.
ISBN 90 76274 41X
DM 19,80 SFr 19,00 ÖS 145,00

Orpha Cochie

Pendeln & Edelsteine

Kosmische Kräfte zur persönlichen Stärkung und Orientierung

Schon in sehr jungen Jahren kam die Autorin mit Pendeln in Kontakt. Im Laufe der Jahre wurde das Pendeln zu ihrer 'zweiten Natur'.
In diesem Buch beschreibt Orpha Cochie ihre jahrelange Erfahrung im Pendeln in Kombination mit Edelsteinen. Nach Meinung der Autorinist das Pendeln und das Anwenden von Edelsteinen nicht von-einander zu trennen: Hier finden Sie eine vollständige Übersicht über die Benutzung und die Anwendung von Edelsteinen und das Arbeiten mit dem Pendel. Außer 45 der bekanntesten Edelsteine, einschließlich deren Ursprung und Eigenschaften, kommen verschiedenartige Aspekte zur Sprache: Wie man das Pendel richtig führt; das Auspendeln von zum Beispiel Organen, Situationen oder Kontaktmöglichkeiten; welche Fragen man stellen kann, aber auch die Behandlungsmöglichkeiten durch Edelsteine.
Zusammengefaßt ist Pendeln und Edelsteine ein Lehrgang zum praktischen Pendeln, wobei alle relevanten Abschnitte kurz und bündig behandelt werden.

104 Seiten, 14 x 21,5 cm - Mit farbigen Abb.
ISBN 90 76274 010
DM 19,80 SFr 19,00 ÖS 145,00